W0214027

Ingo Holland

Meine Gewürze

Weltbild

Gewürz Rezept

Ein bisschen stolz …

… sind wir schon, dass es uns gelungen ist, den Spitzenkoch und Gewürzhändler Ingo Holland aus Klingenberg am Main für ein Gewürzbuch zu gewinnen. Weil wir mit ihm den Besten gefunden haben, der zu diesem Thema einiges zu sagen hat. Fünfzig Gewürze bzw. Gewürzmischungen stellt er hier vor und fünfzig seiner beliebtesten Rezepte, in denen ebendiese Gewürze zum Einsatz kommen. Mit diesem Projekt hat er Neuland betreten. Dass ihm die Arbeit daran Freude gemacht hat, merkt man daran, wie persönlich das Buch geworden ist. Ingo Holland ist nicht nur ein hoch begabter und begeisterter Koch und Patissier und ein leidenschaftlicher Gewürzmüller, wie er sich selbst nennt, sondern auch ein sehr amüsanter Plauderer und kompetenter Lehrmeister, der es versteht, Neugier zu wecken und unterhaltsam zu befriedigen.

Und darauf, dass wir Jürgen Dollase, den Kulinarik-Kolumnisten und Buchautor, dazu bringen konnten, die Rezepte von Ingo Holland mit sachkundigen, aber auch sehr persönlichen Degustationsnotizen zu versehen, bilden wir uns auch etwas ein. Wir danken ihm sehr dafür, dass er Rezept für Rezept einer durchaus nicht unkritischen Begutachtung unterzogen hat und uns seine Meinung dazu in kleinen Kommentaren mitteilt.

So ist ein Buch zustande gekommen, das das Thema Kochen mit Gewürzen sozusagen von den zwei Seiten des Tresens her beleuchtet: aus der Sicht des Wirts (des Kochs und Gewürzhändlers) und aus der des Gastes (des Restaurantkritikers und Privatkochs). Ein aufregendes Buch, ein lehrreiches Buch und ein Buch, das – wie wir hoffen – die kulinarische Kreativität der Leser anregt. Wie unsere anderen Themen-(Koch-)Bücher auch.

Ihr Tre Torri Verlag

Herr Holland …

… wir hätten da ein paar Fragen

Warum sind Sie Koch geworden?

Das stand mit zehn Jahren schon für mich fest. Meine Großmutter und meine Mutter waren hervorragende Köchinnen, von denen ich die Liebe zu dunklen, kräftigen Saucen geerbt habe. Noch heute freue ich mich über jede Einladung meiner Mutter zum Essen – wenn sie selber kocht.

Und wie zum Spitzenkoch?

Da helfen neben einer soliden Ausbildung bei den besten Lehrmeistern, neben Talent, Geschmack, Kreativität, Darstellungsvermögen und Selbstbewusstsein nur Leidenschaft und Begeisterung. Und: Menschen, die einem die Kraft geben, sich acht bis achtzehn Stunden täglich an den Herd zu stellen, die aufmunternde Worte finden, wenn es mal nicht so läuft, die Verständnis haben, wenn man müde und ausgelaugt ist, und die einem den Rücken frei halten, damit man sich voll und ganz auf seine Aufgabe konzentrieren kann. Das sind die Freunde, auch die Gäste, die Familie.

Sie sind Koch und Patissier. Wie sind Sie zum Gewürz gekommen?

Bei mir wurde ein tieferes Interesse geweckt, als ich auf einer meiner Kurzreisen nach Paris einen kleinen Laden am Randes des Marais entdeckte: die Epicerie du Monde von Monsieur und Madame Izrael. Die Faszination, die dieses kunterbunte Lädchen auf mich ausübte, hat sich bis heute erhalten. Ich sah dort zum ersten Mal Gewürze und Gewürzmischungen, die ich in dieser Vielfalt bisher noch nicht einmal dem Namen nach kannte. Ich kaufte soviel ein, wie ich nur konnte – fast hätte ich mich ruiniert dabei – und fing zuhause selbst an, Gewürze zu mischen. Das war die Initialzündung, die alles ins Rollen gebracht und mich zum Gewürzmüller gemacht hat.

Wie waren Ihre ersten Gehversuche als Gewürzmüller?

Nicht ganz einfach, weder für mich noch für die Menschen, die mir etwas bedeuteten. Doch ich bin Widder: ungestüm, ungeduldig, visionär und stur. Ich hatte ein paar Gewürze gemischt. Die Qualität war gut, sogar sehr gut. Ich hatte einige Gläser verkauft, aber deswegen war ich noch lange kein Händler. Meine Ungeduld brachte mich schließlich soweit, dass ich mich innerhalb kürzester Zeit entscheiden musste, und ich eröffnete einen Laden gegenüber vom Alten Rentamt. Ich hatte eine Vision, aber nicht viele wollten die mit mir teilen. In Klingenberg einen Gewürzladen? Jetzt spinnt er total! Doch wenn ich mal ein Ziel vor Augen habe, bin ich recht stur. Ich machte, tat und plante, richtete ein und dekorierte – mit und ohne Hilfe. Ich wollte es ja so. Bei der Eröffnung im Oktober 2001 ahnten weder ich noch sonst jemand, wo mich meine Sturheit hinbringen würde. Ich denke, dass meine Philosophie, was Qualität und Konzept betrifft, den Erfolg gebracht hat, der mich dazu veranlasste, weiterzumachen und den Laden zu vergrößern.

Welchen Stellenwert haben die Gewürze für Sie?

Koch bin ich ja nach wie vor – mit Leidenschaft und Liebe zum Beruf. Mein Anliegen ist es, dass die von mir zubereiteten Gerichte schmecken und so etwas wie Persönlichkeit haben. Das gelingt mir am besten mit den Gewürzen aus unserem Colonialwarenhandel. Die Passion, neue Gewürzmischungen zu entwickeln sowie unbekannte Gewürze und noch bessere Qualitäten zu finden, lässt mich nicht mehr los. Nach so vielen Jahren als Koch und Gewürzmüller bin ich immer noch in beide Berufe verliebt.

Wie entsteht eine neue Gewürzmischung?

Im Kopf. Ich habe eine Idee, ziehe mich zurück und denke als erstes über Einsatzbereich, Geschmack, Qualität und Art des Gewürzes nach. Dann beginne ich zu mischen, zu mahlen, zu experimentieren, zu schnuppern und, wenn ich erkannt habe, dass ich auf dem falschen Weg bin, von vorne zu beginnen. Irgendwann habe ich dann ein Produkt, das meiner Vorstellung entspricht. Doch das genügt mir nicht. Ich weiß, dass es mir schmeckt. Und den anderen? Den Gastronomen, den Hobbyköchen, den Hausfrauen? Ich packe kleine Proben ab, verschicke sie in alle Welt und warte auf ein Feedback. Ist es positiv, gehen wir in Produktion. Erst dann mache ich mir Gedanken über die Kosten und die Kalkulation. Keinen Augenblick früher. Die Qualität steht stets an erster Stelle. Und so soll es auch bleiben.

Was ist denn der Unterschied zwischen Gewürzen und Kräutern?

Wenn ich es ganz einfach ausdrücken soll, würde ich sagen, Gewürze sind stets Saaten, Früchte, Wurzeln, Rinden und ähnliches, die teilweise nur getrocknet oder auch fermentiert und getrocknet, also weiterbehandelt werden, um ihr Aroma zu entwickeln. Kräuter sind getrocknete grüne Gewürze, wie Blätter, Nadeln oder auch Blüten, die ich gerne dazuzähle: unbehandelt, getrocknet, gerebelt, gerieben oder ganz.

Gibt es Regeln, die beim Einkauf zu beachten sind?

› Kaufen Sie Gewürze möglichst ungemahlen und schaffen Sie sich Mühlen und Mörser an.
› Schauen Sie sich Ihren Gewürzhändler genau an. Wenn Sie Vertrauen gefasst haben, dann bleiben sie bei ihm. Er wird es Ihnen durch gute Beratung und exzellente Qualität danken.
› Ich halte nichts davon, auf Märkten einzukaufen, ganz besonders nicht auf orientalischen. Dort werden die Gewürze meist lose verkauft, täglich ein- und ausgepackt. Und: Sie sind ein Kunde, der heute da ist und morgen wieder weg. Es gibt also keinen Grund, beste Qualitäten anzubieten.
› Schauen Sie sich die Zutatenliste der Gewürzmischungen an. Ist Salz darin enthalten? Welches, wie viel? In einem Curry hat Salz nichts verloren, ebenso wenig wie in allen anderen Klassikern. Salz wird häufig als Streckmittel eingesetzt, weil es billig ist und das Aroma länger am Gaumen haften lässt.
› Keine industriell gefertigten Billiggewürze. Qualität hat auch mit Quantität zu tun. Ein in großen Mengen hergestelltes Produkt kann nie die Qualität erreichen wie ein in kleinen Mengen erzeugtes. Auch der Faktor Zeit spielt eine Rolle: langsames Trocknen ist wesentlich besser für Farbe und Aroma, aber eben auch aufwändiger und somit kostspieliger.
› Kaufen Sie Gewürze nie in durchsichtigen Verpackungen. Auch wenn es schön aussieht, werden Sie sich nicht lange an den strahlenden Farben erfreuen können, da Licht die Farbpigmente in den Gewürzen zerstört.

Wie und wie lange soll man Gewürze aufbewahren?

Sie sollten immer relativ kühl gelagert werden. Das bedeutet nicht im Kühlschrank, aber doch so weit wie möglich von der Hitze des Ofens entfernt. Ein Orientierungspunkt ist das Haltbarkeitsdatum. Die Entscheidung, wann das Gewürz nicht mehr Ihren Ansprüchen genügt, müssen Sie selbst treffen.

Wie soll man würzen?

Vorsichtig! Würzen Sie sich an Ihr Ziel heran, in mehreren Schritten. Lassen Sie beispielsweise den Steinbutt das Bild sein und das Gewürz den schönen Rahmen: er ziert das Bild, aber er verdeckt es nicht.

Was sollte man an Gewürzen im Hause haben?

Für Pfeffer gibt es so viele Einsatzmöglichkeiten, da kann einer nicht genügen. Keinesfalls aber braucht man drei schwarze, drei weiße und verschiedene Spezialpfeffer. Aber ein schwarzer und ein weißer sollten es schon sein. Lassen Sie Ihren Geschmack entscheiden. Entdecken macht Spaß – versuchen Sie es auch. Ich würde mir Folgendes in den Schrank stellen: schwarzen Kerala- oder Malabar-Pfeffer aus Indien, weißen Pfeffer aus Indien oder Muntok, edelsüßen Paprika aus Ungarn, mittelscharfen Chili, am liebsten aus Frankreich, Muskatnuss (Grenada) plus eine kleine Reibe, Lorbeer, Kümmel, Sternanis, Wacholder, Bourbon- und Tahiti-Vanille, Kreuzkümmel und den Mörser dazu, den Sie auch für vieles andere verwenden können, Meer- oder Steinsalz für Kartoffeln, Nudeln und allgemein zum Kochen, Fleur de sel, Maldon-Salz oder Ähnliches für das Finish. Außerdem: ein Curry (je nach Schärfe, Belastbarkeit und Geschmack – zum Beispiel unser Anapurnacurry), Garam Masala, Baharat für Geflügel, Fleisch, Gehacktes und Kartoffeln, Melange noir für Rind, Lamm und Wild, Ducca für Fisch, Geflügel und Dips und Pastagewürz für alles aus der italienischen Küche, auch für Ratatouille oder Bratkartoffeln.

Warum sind Sie ein so glühender Verfechter von Natursalzen?

Weil man seinem Körper das gönnen sollte, was er braucht und verdient. Ich verwende ausschließlich Salze aus dem Berg oder aus dem Meer. Die haben außer der teilweisen Vermahlung keine andere Behandlung genossen, wie beispielsweise Entmineralisierung, Zusatz von Rieselhilfen, Fluor oder Jod.

Es gibt viele Menschen, die scharfe Gewürze nicht vertragen. Was ist dazu zu sagen?

Außer wenn man sich die vom Chiliputzen kontaminierten Finger in die Schleimhäute reibt, sind sie der Gesundheit und dem Wohlbefinden eher zu- als abträglich. Das im Chili vorhandene Capsaicin verhindert beispielsweise die Bildung von Bakterien in Magen und Darm und macht gute Laune, da es für die Ausschüttung glücklich machender Endorphine verantwortlich ist. Selbstverständlich können auch bei Gewürzen Allergien entstehen. Häufig hat man es jedoch meiner Meinung nach eher mit einer Aversion gegen ein bestimmtes Aroma als mit einer Allergie zu tun. Zum Thema Schärfe und Geschmacksverlust ist zu sagen, dass auch hier nur Übung den Meister macht.

Ein Gespräch mit Ingo Holland, Restaurant Zum Alten Rentamt in Klingenberg

Tonga-Vanille
Vanille
Bourbon

Grundgewürze

Anissamen oder wilder Anis

Die Bezeichnung „Samen“ ist botanisch nicht korrekt. Bei den mit einem feinen Härchen ausgestatteten Körnern handelt es sich um die Früchte des Doldenblütengewächses. Beheimatet ist der Anis im Mittelmeerraum und angrenzenden Ländern. In Asien verwendet man meist Sternanis, der im Aroma viel kräftiger ist, weshalb man nicht einfach den wilden durch den Sternanis ersetzen kann.

In unseren Regionen findet er meist Verwendung für Kuchen und Kleingebäck, wie zum Beispiel Springerle oder Cantuccini, oder für Gewürzbrote. Aber auch in der salzigen Küche, wie zum Beispiel in Lachsbeizen, zum Braten besonders von Mittelmeerfischen oder auch von Kalbfleisch, wie in unserem Rezept, wird er gern genommen. In einigen Würsten aus Frankreich, Italien und Spanien findet man auch gelegentlich das interessante und eigenwillige Aroma des wilden Anis' wieder. Populär und verbreitet wurde der besondere Geschmack aber wahrscheinlich eher durch die Verwendung in alkoholischen Getränken: für Kräuterliköre und Anisschnäpse wie Pastis, Raki, Absinth usw.

Der würzig-süße Geschmack der Anisfrüchte bleibt lange am Gaumen haften und erinnert etwas an Lakritze und Süßholz. Deswegen verwende ich Anis zwar sehr gerne, aber doch sparsam.

Kombinieren lässt sich das Anisaroma sehr gut mit Kräutern wie Estragon, Dill, Fenchel und Wermut, aber auch mit Alkoholika wie Pastis und Wermutweinen.

Bei Verdauungsbeschwerden und Atemwegserkrankungen ist Anis ein hilfreiches Heilmittel, das als Auszug oder Aufguss zum Inhalieren eingesetzt werden kann.

Kommentar von J. Dollase: Auch Klassiker wie die Kalbshaxe können erheblich von einer kleinen aromatischen Belebung profitieren. Mit dem Anis ergibt sich – vor allem auch im Zusammenwirken mit dem leicht süßlichen Petersilienwurzelpüree – ein sehr harmonischer, milder Zusammenhang, der verhindert, dass die Haxe zu rustikal wirkt. Eine gute Kalbshaxe braucht eigentlich die dauernde Anwesenheit des Kochs am Herd. Speziell in der Schlussphase beim Überglänzen mit Fond und Butter lassen sich sehr gute Resultate erzielen. Es ist auch möglich, den Fond allein zu reduzieren und das Fleisch mit mehr Butter und nur wenig Fond zu überglänzen. Auf diese Weise hat der ehemalige Schweizer Starkoch Freddy Girardet hervorragende Resultate erzielt. Bei der Petersilienwurzel kann man über die Größe der Wurzeln das Aroma etwas steuern. Die kleinen sind wesentlich dezenter, die großen können zusätzlich eine gewisse Süße entwickeln. Das Mark hat in diesem Zusammenhang übrigens in keiner Weise den etwas faden Geschmack, den manche Leute nicht so recht mögen. Die aromatische Fassung von Ingo Holland sorgt für einen abgerundeten, minimal fleischigen Hintergrund.

Für 4 Personen

Kalbshaxe

mit wildem Anis glaciert auf Petersilienwurzelpüree und Mark-Crostini

Kalbshaxe

1	Kalbshaxe (1,4 kg; der Knochen sollte oben angeschnitten sein)
	Natursalz
	schwarzer Pfeffer aus der Mühle
2 EL	Speiseöl
4	Knoblauchzehen
150 g	Staudensellerie
150 g	Karotten
250 g	Zwiebeln
1½ EL	wilder Anis (notfalls normaler Anis)
1 l	fruchtiger Rotwein (nicht zu tiefrot)
20 g	Butter

Püree

400 g	Petersilienwurzeln
	Salz
375 ml	Milch
375 ml	flüssige Sahne
2 EL	gehackte Blattpetersilie
	weißer Pfeffer aus der Mühle
	Muskatnuss

Crostini

	Natursalz
	schwarzer Pfeffer aus der Mühle
1	fein gehackte Schalotte
1	fein gehackte Knoblauchzehe
1 TL	fein gehackte Blattpetersilie
1 TL	fein geschnittener Schnittlauch
4	Scheiben Baguette (1,5 cm dick)
1 TL	Olivenöl

Anrichten

Fleur de sel

Die Haxe kräftig mit Salz und schwarzem Pfeffer würzen. In einem flachen Topf, am besten aus Guss, bei mittlerer Hitze rundherum in Öl anbraten. Die Schmorgemüse zugeben und mit anbraten, ohne dass sie zu viel Farbe annehmen. Den Anis über die Haxe streuen und sofort mit dem Bratfett übergießen. Bei 190 °C in den Ofen schieben. Alle 8–10 Minuten übergießen. Wenn der Anis nach 30–45 Minuten sein volles Aroma entwickelt hat, mit dem Rotwein ablöschen und einen Deckel auf den Topf legen. Die Haxe braucht mindestens 2 Stunden, bis sie zart und saftig ist. In dieser Zeit immer wieder mit dem Weinsud übergießen. Die fertig gebratene Kalbshaxe aus dem Rohr nehmen, in einem Stück vom Knochen lösen, mit Folie abdecken und im Rohr warm stellen. Das dicke Ende des Haxenknochens mit einem Tuch greifen und das Mark auf ein Schneidebrett herausstauchen.
Den Bratenfond mit dem Gemüse durch ein Sieb gießen. Das Gemüse wegwerfen und das Fett abschöpfen. Den Fond in eine Pfanne gießen, die Butter zugeben und die Haxe einlegen. Während des Reduzierens immer wieder mit dem Fond übergießen, bis die Haxe appetitlich glänzt.

Die Petersilienwurzeln schälen, in grobe Stücke schneiden und in der leicht gesalzenen Milch gar kochen. Aus der Milch nehmen und abtropfen lassen. Die Sahne aufkochen. Die Petersilienwurzeln im Mixer pürieren, die Sahne nach und nach zugeben, damit das Püree nicht zu weich wird. Die Petersilie einrühren und mit Salz, weißem Pfeffer und Muskat abschmecken.

Das Mark aus dem Haxenknochen klein hacken, mit Salz, Pfeffer, Schalotten, Knoblauch und Kräutern vermischen.
Die Weißbrotscheiben mit Olivenöl in einer Pfanne anrösten. Das Mark auf den Brotscheiben verteilen und kurz vorm Servieren noch einmal in den heißen Ofen schieben.

Die Haxe in 4 vier Portionen teilen. Auf dem nochmals erhitzten Püree anrichten und etwas Fleur de sel darüber streuen. Die Sauce angießen und mit je einem heißen Crostino servieren.

Bockshornklee

(Der lateinische Name foenum graecum bedeutet „griechisches Heu")

Am häufigsten werden die viereckigen Samen des Bockshornklees verwendet. In Indien verarbeitet man auch oft die grünen Blätter als Gemüse, das etwa wie Spinat zubereitet wird.
Bockshornkleesamen haben im ungerösteten Zustand einen Geruch wie ein gutes Curry. Allerdings verbessert man den Geschmack ungemein, wenn man sie bei mäßiger Hitze langsam und ohne Fett röstet. Dadurch werden bestimmte sehr bittere Inhaltsstoffe in ein angenehmes und wohlschmeckendes Aroma umgewandelt. Dieser Duft des frisch gerösteten Samens erinnert mich sehr an den von goldbraun gebratener Poulardenhaut. Bockshornkleesamen findet man zumeist in asiatischen und arabischen Gewürzmischungen, wie zum Beispiel Currys, Masalas, Raz el Hanout, Berbere oder dem bengalischen Panch Phoron, was soviel bedeutet wie „fünf Gewürze".
Eine besonders gesunde Art der Verwendung von Bockshornkleesamen ist, sie zu Sprossen keimen zu lassen.
Da Bockshornklee ein sehr wohlschmeckendes, aber nicht dominantes Aroma hat, kann man ihn sehr gut mit Kreuzkümmel, Pfeffer, Zimt, Nelken usw. kombinieren, wie es auch in den meisten Currys und anderen Gewürzmischungen getan wird.

Ein Tipp: Vorsicht beim Zerbeißen ungemahlener Samen. So mancher Zahn hat den Biss nicht unbeschadet überstanden. Die Samen sind hart wie Stein.

Kommentar von J. Dollase: Dieses vegetarische Gericht zeigt sehr deutlich, dass man für eine spannende Küche kein Hauptprodukt und auch kein besonders teures Luxusprodukt braucht. Junge Gemüse sind für den Koch trotzdem ein großer Luxus, weil ihre unübertroffene Feinheit in Aroma und Textur einfach nur sehr selten zu haben ist. Während der „klassische" Ingwer bei uns weit verbreitet ist, gehört die Ingwer-Variante Galgant, trotz ihres geradezu eleganten Aromas, zu den leider eher unbekannten Gewürzen. Wer übrigens aus den Asia-Läden das Galgant-Pulver (oder auch Galanga-Pulver) kennt, wird feststellen, dass es mit dem Aroma der frischen Wurzel wenig Ähnlichkeit hat. Das im Rezept ungewöhnliche mediterran-asiatische Aromenspektrum der Grütze schmeckt in dieser ausgetüftelten Form so, als sei es die selbstverständlichste Sache der Welt. Wichtiger Helfer ist die Tomate, mit der man ohne Probleme alle Stile und Aromen der Küche verknüpfen kann – bis hin zu Desserts, wie bei der Tomate mit zwölf Gewürzen bei Alain Passard in Paris. Die Bockshornkleesaat (französisch auch Fenugrec genannt) ist ein komplex-herzhaft wirkendes Gewürz, das in vielen Gerichten für eine geradezu klassische Tiefe sorgen kann.

Für 4 Personen

Junge Gemüse

in Joghurt-Tempura mit Bockshornkleesaat und geeister Tomaten-Galgant-Grütze

Tomaten-Galgant-Grütze

250 g	vollreife Strauchtomaten
40 ml	Olivenöl
3	fein gehackte Knoblauchzehen
2	fein gehackte Schalotten
40 g	frische geschälte, fein gewürfelte › Galgant-Wurzel
2	Bird-Eye-Chilis
250 g	Schältomaten (aus der Dose)
	Natursalz
50 g	Rohrzucker
½	aufgeschnittene und ausgekratzte › Bourbon-Vanillestange
2	Sternanis
1 EL	Tomatenmark
100 ml	Tomatensaft
80 g	fest kochende Kartoffel
1 EL	gehackte Thaibasilikumblätter

Gemüse

25 g	Bockshornkleesaat
170 g	Weizenmehl (Typ 550)
200 g	Joghurt (Magerstufe)
30 g	Maisstärke
2 Msp.	Backpulver
1 TL	Nigella
150 ml	Mineralwasser
4	Stangen grüner Spargel
4	Fingerkarotten mit Grün
100 g	Blumenkohl
4	Stangen Frühlingslauch
2	kleine Artischocken (Powerade)
1 l	Pflanzenöl
8	große ganze Thaibasilikumblätter
12	Kerbelzweige
8	Blätter glatte Petersilie
8	Blattkorianderspitzen

Die Grütze am Vortag zubereiten. Die reifen Strauchtomaten vom Strunk befreien, 4 Sekunden in kochendes Wasser halten und in Eiswasser abschrecken. Mit einem kleinen Messer die Haut abziehen. Die Tomaten achteln und beiseite stellen.
In einem flachen Topf das Öl erhitzen. Knoblauch, Schalotten, Galgant und Chili glasig andünsten. Frische Tomaten und Dosentomaten zugeben. Mit etwas Salz, Zucker, Vanille und Sternanis würzen. Tomatenmark und Tomatensaft gut einrühren. Etwa ½ Stunde bei kleiner Hitze schmoren, bis eine glatte Konsistenz entsteht. Alle ganzen Gewürze herausnehmen und die Grütze zum Kochen bringen.
Die geschälte und fein geriebene Kartoffel einrühren und etwa 3 Minuten kochen lassen, bis die Kartoffelstärke komplett gebunden hat. (Da der Stärkegehalt von Kartoffel zu Kartoffel variiert, genügt möglicherweise auch eine kleinere Menge geriebene Kartoffel.) Mit gehacktem Thaibasilikum und Salz abschmecken. Abdecken und über Nacht kalt stellen.

Der klassische Tempurateig ist kross und fast weiß, wir stellen hier eine goldbraune und etwas zartere Version her. Die Bockshornkleesaat ohne Fett langsam im Ofen bei 180 °C rösten; das dauert 3–4 Minuten. Auskühlen lassen und im Mörser zerstoßen. Mehl, Joghurt, Stärke, Backpulver, Kleesaat und Nigella mit dem Wasser zu einem glatten und nicht zu dünnen Teig verrühren.
Die Gemüse in möglichst gleichgroße Stücke schneiden: Von dem grünen Spargel, der nicht geschält werden muss, 2–3 cm abschneiden und den Rest halbieren. Die Karotten mit einem Messer schaben oder ganz dünn abschälen. Den Blumenkohl in Röschen teilen. Den Frühlingslauch halbieren. Die einfach zu entfernenden Artischockenblätter nach unten wegreißen und den Stiel bis auf etwa 4 cm zurückschneiden. Mit einem sehr scharfen Messer ⅔ des Artischockenkopfes und alles, was grün und nicht weiß ist, entfernen, indem man mit kleinen Schnitten an der Artischocke entlang fährt. Der Länge nach vierteln. Alle vorbereiteten Gemüse kurz im Mehl wälzen und in den Tempurateig legen. Mit einer großen Pinzette schnell nacheinander je 4–6 Gemüsestückchen in das etwa 180 °C heiße Pflanzenöl geben und in etwa 15 Sekunden den Teig stocken lassen. Herausnehmen und auf Küchenkrepp abtropfen lassen. Wenn alle Teile vorgebacken sind, das Öl noch einmal erhitzen und alle Gemüseteile goldbraun ausbacken. Die verschiedenen Kräuter ebenfalls frittieren.

Die Grütze auf vorgekühlten tiefen Tellern anrichten. Das gebackene Gemüse darauf hoch anrichten, Salz darüber streuen und mit den frittierten Kräutern dekorieren.

Bourbon-Vanille

Die Vanille ist schon lange mein absolutes Lieblingsgewürz. Die elegante Farbe, der bezaubernde Duft, die angenehm glatte und glänzende Oberfläche. Es gibt kaum etwas, das mich so verzaubert wie Vanille. Ich liebe es, an der Vanille zu schnuppern, zart über die frisch ausgepackten Vanillestangen zu streichen. Gibt es etwas Faszinierenderes als mehrere Vanillestangen aufzuschlitzen, den tief-schwarzen Samen mit dem Messer bis an den Rand der geöffneten Schote zu streichen und sich dann von diesem kostbaren Schwarz zu trennen, um es in die siedende Sahne gleiten zu lassen? Die leere Hülle lasse ich ehrfurchtsvoll hinterher fallen. Doch das wird kein Abschied für immer sein. In wenigen Minuten, wenn Rohrzucker und Eigelb die jetzt kochende Sahne zu einer gelben, mit Millionen schwarzer Pünktchen durchzogenen Creme verwandelt hat, wenn diese Köstlichkeit in der Kälte der Eismaschine zu einer geschmeidigen, kühlen Eismasse gefroren ist, dann werden wir uns wieder treffen – auf meiner Zunge. Ich werde die Augen schließen und nachdenken. Nachdenken, ob oder besser: wann ich den zweiten Löffel in die frisch gefrorene Masse gleiten lassen werde, egal was meine Figur dazu sagt. Spürt man, dass ich Vanille – egal welcher Provenienz, welcher Größe, welchen Aromas – liebe? Wenn ich Vanille bestelle, lasse ich mir Zeit, fast wie bei der Wahl meines nächsten Urlaubsdomizils. Zuerst will ich Sie in den aufwändigen Herstellungsprozess einweihen, der bei allen Vanillearten gleich ist.

Hier spreche ich in erster Linie über die Bourbon-Vanille, die so genannte vanilla planifolia, die vorwiegend auf Madagaskar, Mauritius und den Komoren angebaut wird und außerdem in der eigentlichen Heimat der Vanille, in Mexiko. In Uganda und Tonga gibt es Plantagen, und meine derzeitige Lieblingsvanille ist eine indische Schote aus kontrolliert biologischem Anbau. Welch ein Gewürz! Sie hat eine solche Konzentration von echtem Vanillin, dass sie es gar nicht mehr in sich und für sich behalten kann. Deswegen umgibt sie sich mit einem dichten weißen Mantel aus Vanillinkristallen. Das Eis, das ich oben beschrieben habe, war aus dieser Vanille hergestellt. Die Faszination Vanille beginnt bereits bei der wunderschönen Orchideenblüte. Die Vanille hat keinen eigenen Stamm, sie ist im Prinzip Gast bei anderen Pflanzen oder Bäumen, um die sie sich gerne rankt. Steht die Vanille in voller Blüte, werden die Blüten von zarter Frauenhand mit einem Bambussplitter oder einem Kaktusstachel bestäubt. Die daraus erwachsene Frucht wird fast vollreif geerntet. Fast, weil sich die reife Schote öffnen würde, und das wäre mit dem Verlust des Samens verbunden. Nach der Ernte werden die Vanilleschoten in etwa 60 °C heißem Wasser erhitzt, um die feuchte Wärme zu erzeugen, die für den Fermentationsprozess vonnöten ist. Verpackt in Leinen werden sie in verschlossenen Holzkisten fermentiert, was das eigentliche Vanillearoma erzeugt. Danach auf großen Tischen getrocknet, sortiert und kalibriert, das bedeutet, nach Größe sortiert und gebündelt. Dann erst beginnt der eigentliche Reifeprozess, der etwa ein halbes Jahr dauert. Man sagte mir, um eine Vanilleschote herzustellen, seien über 180 Handgriffe nötig.

Wie beispielsweise beim Riesling hat jede Vanille je nach Boden und Klima ein unterschiedliches Aroma. Bourbon-Vanille ein sehr erdiges, das an schwarze Oliven und Süßholz erinnert. Uganda- und Tonga-Vanille lassen an Rosinen und Kuchen denken. Komoren-Vanille ist typisch vanillig mit süßem Duft, die aus Mexiko voller subtiler, eleganter Aromen. Ich verwende die Vanille sehr gern in der Patisserie, aber noch lieber zu Krustentieren, Geflügel und Gänseleber, also nicht ausschließlich in der süßen Küche.

Kommentar von J. Dollase: Zweimal Vanille und beide Male in einer präzise eingefassten Form. Die Verwendung der Vanille im Zusammenhang mit Krustentieren bleibt oft sehr plakativ, weil sie einfach zu isoliert eingesetzt wird. Zunächst aber zu den Quitten. Bei den Quitten ist die Reife deshalb so wichtig, weil nur reife Quitten Frucht und Süße haben, unreife aber viel Säure und eine sehr faserige Struktur. Als Teil des Pochierfonds sorgt die Bourbonvanille hier nur für eine Vollendung des Quittenaromas, während sie im Vanilleschaum zwar deutlicher in den Vordergrund tritt, aber durch eine leichte Schärfe (Chili) und Säure (Wein und Zitrone) eingebunden wird. Insgesamt ergibt das ein harmonisches Bild mit einer unaufdringlichen Präsenz der Vanille. Wichtig ist bei diesem Rezept auch das Krabbenbrot (Kroepoek), das aromatisch verhältnismäßig dezent ist und so eine schöne Anfangstextur zur Langustine ergibt. Das Aroma der Langustine wird durch eine solche texturelle Ergänzung nicht beeinträchtigt, wirkt aber natürlich auf diese Weise zarter, als wenn man es mit einer weichen Textur kombinieren würde.

Für 4 Personen

Croustillant von Langostinos

auf geschmorter Quitte mit Bourbon-Vanille-Schaum

Quitten

500 g	vollreife Quitten
2 EL	Rohrzucker
1	Bourbon-Vanillestange
0,75 l	trockener Weißwein
	Salz

Langostinos

8	Langostinos (8/12)
150 g	Krabbenbrot oder Kroepoek
	Salz
	weißer Pfeffer aus der Mühle
	edelsüßer Paprika
	Mehl
2	Eier
1 l	Pflanzenöl

Vanilleschaum

80 ml	trockener Weißwein
100 ml	weißer Portwein
2	Bourbon-Vanillestangen
30 ml	Milch
1	Bird-Eye-Chili
60 ml	flüssige Sahne
	Natursalz
	weißer Pfeffer aus der Mühle
	Zitronensaft
50 g	kalte Butterwürfel

Anrichten

4	Kerbelspitzen

Die Quitten am Vortag vorbereiten: waschen, halbieren und nur den Blütenrest und den Stielansatz herausschneiden. Mit Zucker, Vanillestange samt Mark und Weißwein in einem passenden Topf aufkochen und bei sehr kleiner Hitze mindestens 3 Stunden köcheln lassen, bis die Quitten gar sind, aber nicht zerfallen. Über Nacht in dem Fond auskühlen lassen. Quitten und Fond sollten rosa sein.

Mit einer Schaumkelle aus dem Fond nehmen und abtropfen lassen. Die Haut mit einem kleinen Messer abziehen und das Kerngehäuse großzügig entfernen. In 2–3 mm dünne Scheibchen schneiden. Auf tiefe Teller je einen Ausstecher mit 10 cm Durchmesser setzen. In diesen Ausstecher sorgfältig die Quittenscheiben legen, sodass je ein runder Boden entsteht. Ganz leicht salzen und im Ofen bei etwa 150 °C für 6–8 Minuten warm stellen. Den Quittenfond durch ein Sieb gießen, nochmals aufkochen und heiß in eine Flasche füllen: Kann man wunderbar als Basis für einen aufregenden Champagner-Aperitif nutzen.

Die Vanillestange sehr heiß abwaschen. Der Länge nach vierteln und auf einem Küchenkrepp über Nacht an einem warmen Ort für die Dekoration trocknen.

Die Schwänze der Langostinos ganz vorsichtig aus dem Kopf ziehen. Mit Daumen und Zeigefinger die Krusten aufbrechen und bis auf die Schwanzflosse entfernen. Mit einem kleinen scharfen Messer die Rückenhaut aufschneiden und den schwarzen Darm so entfernen, dass er nicht aufreißt. Das Krabbenbrot in grobe Stücke brechen und in einem Mörser zerkleinern. Ein Küchentuch darüber legen und fein stoßen. Die Langostinos mit Salz, Pfeffer und Paprika würzen. In Mehl, zerschlagenen Eiern und in dem zerstoßenen Krabbenbrot wenden, sodass sie gut umhüllt sind. Die Schwanzflossen dabei aussparen. Die Schwänze in etwa 180 °C heißem Öl kross ausbacken und auf Küchenkrepp abtropfen lassen.

Weißwein, Portwein und ausgekratzte Bourbon-Vanillestangen samt Mark aufkochen und auf die Hälfte reduzieren. Milch, Chili und Sahne zugeben und nochmals um ⅓ einkochen. Chili und Vanillestange herausnehmen und die Vanille ebenso waschen und trocknen wie bei den geschmorten Quitten. (Man kann sie zum Dekorieren benutzen oder einen hervorragenden Vanillezucker daraus herstellen.)

Die Saucenbasis mit Salz, weißem Pfeffer und Zitronensaft abschmecken. Die kalte Butter mit einem Mixstab so in den heißen Fond einmixen, dass cremiger Schaum entsteht.

Die Langostinoschwänze auf den warmen Quittenböden anrichten. Mit dem Schaum umgießen und mit Vanille und Kerbel garnieren.

Cassia vera oder Zimt

Cassia vera, der Name steht für Zimt, um genau zu sein: für die Rinde des indonesischen und chinesischen Zimts. Die beiden großen Zimtsorten sind Ceylonzimt und indonesischer bzw. chinesischer Zimt.
Beginnen wir jedoch beim Ceylonzimt. Jeder hat schon einmal eine Ceylon-Zimtstange gesehen oder sogar in der Hand gehalten. Meist 8–10 cm lang zugeschnitten, feinste hellbraune Blättchen übereinander und ineinander gerollt. Fast ein Kunstwerk. Ich denke, dass Ceylon-Zimt die am meisten verwendete Zimtqualität in Deutschland ist – oder war. Das „war" möchte ich Ihnen erklären.
Wie Sie vielleicht wissen, wird Zimt aus der Rinde des Zimtbaumes hergestellt. Nachdem die geernteten Rindenstücke getrocknet sind, werden die Zimtstangen in so genannten Schwefelhütten dem Qualm entzündeten Schwefels ausgesetzt, um Verfärbungen und Ungezieferbefall vorzubeugen. In der EU liegt aber keine Regelung über das Schwefeln von Zimt vor, weswegen diese Zimtqualität am deutschen Markt kaum mehr zu finden ist.
Ich hatte mich allerdings schon vorher für Cassia vera entschieden. Es wird nicht geschwefelt und hat daher eine stärkere Braunfärbung. Im Gegensatz zum Ceylon-Zimt besteht die Zimtstange lediglich aus einem einzigen, 1–3 mm starken Rindenstück, das sich aber genauso nach innen rollt. Die Stärke kann man sich zunutze machen, wenn man Kompotte oder Konfitüren kochen möchte, ohne dem Produkt einen zu starken Zimtgeschmack oder Braunfärbung zu geben. Von der Cassiastange kann man Stücke abbrechen, ohne dass sie splittert. Der Geschmack von Cassia vera ist meiner Meinung nach komplexer, weniger herb und süßlich.
Ich verwende es gerne für Konfitüren, Eiscreme, aber auch im Rotkohl, den ich, wie Sie vielleicht schon bemerkt haben, sehr schätze. Man kann – wie im Rezept – einem Stück Kalbsleber, aber auch Kalbfleisch, Geflügel und Krustentieren zu einem aufregenden Parfüm verhelfen, indem man eine Stange oder Teile davon bei mäßiger Hitze in der Pfanne mit brät.

Cassia vera verträgt sich mit einer Fülle anderer Gewürze: Sternanis, Pfeffer, Fenchel, Piment, Tonkabohnen, Chili und Kardamom. In allen unseren Mischungen verwenden wir überwiegend Cassia vera und Zimtblüten.
Ich rate immer dazu, Cassia vera und auch andere Zimtarten, soweit es geht, im Ganzen zu verwenden, weil sich die staubfeine Zermahlung alles andere als positiv auswirkt: Sie legt die ätherischen Öle frei, die sich dann allzu schnell verflüchtigen. Was übrig bleibt, ist nur der Schatten dessen, was der Zimt zu bieten hat. Außer als Gewürz lässt sich Zimt übrigens auch als Heilmittel bei Diabetes-Erkrankungen einsetzen.

Kommentar von J. Dollase: Dieses Rezept steht ganz in der klassischen Tradition der Aromatisierung mit Gewürzen, in der sozusagen indirekt durch Garen mit einem Gewürz etwas Aroma übertragen wird. Da die empfindliche Kalbsleber schnell zuviel Aroma abbekommt, sind hier als Zimt die dünnen Stangen des chinesischen und indonesischen Zimts (Cassia) eingesetzt, der wesentlich zurückhaltender im Aroma ist als die dicken Stangen des Ceylon-Zimts. Das Rezept sollte mit dem Ceylon-Zimt erst gar nicht versucht werden, vor allem nicht dann, wenn man die Stangen frisch brechen muss: eine frisch gebrochene Stange Ceylon-Zimt qualmt geradezu vor Aroma. Anders sieht es dann im Holunderjus aus, wo deutlich mehr Zimt-Aroma erwünscht ist und eine komplexe, würzige Süße entsteht.

Für 4 Personen

Milchkalbsleber

mit Cassia vera gebraten auf glacierten Kaiserschoten und Holunderjus

Milchkalbsleber

4	nicht zu dünne Scheiben › Milchkalbsleber (à ca. 120 g)
	schwarzer Pfeffer aus der Mühle
	Mehl
2 EL	Pflanzenöl
4	ca. 8 cm lange Stangen Cassia vera
60 g	Butter
	Salz
150 g	geputzte, gewaschene und gut › getrocknete Steinpilze
1 EL	gehackte Schalotten
50 ml	weißer Portwein

Kalbsleber pfeffern und in Mehl wenden. Das Öl erhitzen, Cassia-vera-Stangen dazulegen und 30 g Butter zugeben. Die Leberscheiben einlegen, auf beiden Seiten bei mäßiger Hitze braten und dabei mit dem Bratfett übergießen. Herausnehmen, salzen und warmstellen. Die restliche Butter in der Pfanne erhitzen, Steinpilze und Schalotten hinzugeben und etwa 2 Minuten braten. Mit Portwein ablöschen, salzen und pfeffern.

Kaiserschoten

250 g	Kaiserschoten
125 ml	Wasser
10 g	Zucker
30 g	Butter
	Salz
	weißer Pfeffer aus der Mühle
1 EL	gehackte Petersilie

Die Kaiserschoten von den Fäden befreien. Wasser mit Zucker und Butter aufkochen, die Schoten zugeben und bei nicht zu kleiner Hitze unter häufigem Rühren glacieren: die Flüssigkeit legt sich als glänzende Schicht um die Schoten, während sie garen. Mit Salz und Pfeffer abschmecken und Petersilie darüber streuen.

Holunderjus

150 g	Holunderbeeren
5 cl	Rotwein
30 g	Zucker
1	Zimtstange
5 cl	roter Portwein
¾ l	brauner Kalbsfond
1 EL	Maisstärke
1 EL	Cassislikör
	Salz
	schwarzer Pfeffer aus der Mühle

Zwei Drittel der Holunderbeeren mit Rotwein, Zucker und Zimtstange etwa 10 Minuten köcheln lassen. Durch ein feines Sieb drücken, Saft und Mark auffangen und den Rest wegwerfen.
Mit rotem Portwein auf ⅓ reduzieren. Mit braunem Kalbsfond auffüllen und wiederum auf ⅓ einkochen. Maisstärke mit etwas Rotwein zu einer glatten, dicklichen Flüssigkeit anrühren und vorsichtig mit einem kleinen Schneebesen in die kochende Flüssigkeit einrühren. Die restlichen Holunderbeeren zugeben und 2 Minuten kochen lassen. Mit Cassislikör, Salz und frisch gemahlenem Pfeffer abschmecken.

Anrichten

Die Kaiserschoten auf heiße Teller verteilen. Die Leberscheiben darauf setzen und mit der nochmals erhitzten Sauce nappieren. Die Steinpilze darauf verteilen und mit Cassia vera dekorieren.

Espelette Chili

Chili – welch ein kurzer, unspektakulärer Name für ein solches Gewürz! In unermesslich vielen Formen, Farben und Geschmäckern, in sehr unterschiedlicher Schärfe, mit immer anderen Aromen präsentieren sich die Angehörigen der Familie „Capsicum". Von ganz mild, sozusagen ohne jegliche Schärfe, über pikant wie Cayennepfeffer und Scotch Bonnet, der so manchen schon das Fürchten lehrte, bis hin zu den an höllischer Schärfe nicht zu überbietenden Habanero-Chilis, die aus Mittel- und Südamerika stammen. Sie sind so scharf, dass man sich schon bei der Verarbeitung schützen muss, da der austretende Saft direkt auf der Haut Verbrennungen zweiten Grades verursacht. Weil aber Essen und Kochen Spaß machen und keine Schmerzen verursachen sollen, ist vorsichtiger Umgang angesagt.

Verantwortlich für die Schärfe in Paprika und Chili ist der Inhaltsstoff Capsaicin, der je nach Konzentration Himmel und Hölle auslösen kann. Auch wenn Zunge, Hals und Hände beim Verarbeiten und Verzehr möglicherweise erheblich leiden werden, Magen und Darm werden sich dafür bedanken. Denn das Capsaicin bekämpft in Magen und Darm Bakterien, wie zum Beispiel den Helicobacter, der für die meisten Magenerkrankungen verantwortlich ist. Nicht nur zur Prophylaxe, sondern auch als Heilmittel ist das Capsaicin sehr geeignet, was mir von Ärzten schon mehrfach bestätigt wurde.

Über alle Neben- und Heilwirkungen hinaus hat Chili selbstverständlich auch einen sehr großen kulinarischen Wert. So wird er in allen Landesküchen der heißeren Regionen wie Südamerika, Zentral- und Nordafrika, Asien, dort speziell in Südostasien, teilweise in überschwänglicher Menge verwendet: In Mexiko für die scharf-würzige Paste Mole poblano, die aus diversen Gewürzen, verschiedenen Chilisorten sowie Schokolade besteht, in Afrika für Harissa, Berbere und Raz el Hanout, in Indien für Currys und Chutneys, in Korea für Kim Chi – oder aber auch in Ungarn für ein scharfes Gulasch.

Chili und Schokolade, das klingt sehr modern, ist es aber nicht: das wussten schon die Azteken zu schätzen. Das „Xocoatl", das soviel wie „bitteres Wasser" bedeutet, weist darauf hin, dass die gerösteten und zermahlenen Kakaobohnen eben nicht mit Milch und Zucker, sondern mit Wasser schön schaumig gerührt und mit Vanille und Chili gewürzt wurden. Heute, da es Schokolade nicht nur als Getränk, sondern auch als Tafeln gibt, hat man dieses Wissen wieder entdeckt und parfümiert die Schokoladen auch mit gemahlenen, aromatischen Chilisorten.

Chili ist ein Gewürz, das man sehr gut kombinieren kann. Dabei sollte man im Chili nicht nur seine Schärfe und seine brennende Wirkung sehen, sondern zum Beispiel die brotigen Aromen eines mexikanischen Chili Ancho für den Kakao, die säuerlich-fruchtigen Aromen eines Chili Piquin zu Krustentieren oder das süß-fruchtige Parfüm eines Piment de Espelette zum jungen Schafskäse. Es gibt so viele Chilis und so viele Einsatzgebiete. Perfekt aber harmonieren die meisten Chilisorten mit Zimt, Sternanis, Vanille, Koriander, Muskat – also allen warm-duftigen Aromen.

Kommentar von J. Dollase: Die Kombination von Fisch und Fleisch hat vor allem in Spanien eine lange Tradition („mar y montaña"). Es geht dabei in erster Linie um den Einsatz von Fleisch zur Würze des Fisches und nicht so sehr um genau gleiche Proportionen. In diesem Rezept bekommen die kross gerösteten Splitter von einer Schweineschwarte zusätzlich auch noch die Funktion einer schönen Anfangstextur, die verhindert, dass der Fisch zu Beginn zu neutral schmeckt. Die Dosierung der krossen Elemente zum Fisch sollte man grundsätzlich vorsichtig ausprobieren, weil ansonsten die Gefahr besteht, dass man den Fisch überlagert. Mit den rohen Artischocken macht der Akkord ebenfalls Sinn, weil sie – anders als weich gegarte – keine wirkliche Konkurrenz zum Fisch darstellen. Das schwarze Hawaiisalz ist nicht nur etwas für die Optik, sondern schmeckt auch besonders milde. Trotzdem sollte man immer dann, wenn man erst am Schluss Salz einsetzt, darauf achten, dass man die Elemente auf dem Teller nicht zu viel würzt. Der Salzanteil gerät sonst leicht außer Kontrolle.

Für 4 Personen

Steinbuttfilet

mit krosser Schweineschwarte auf Salat von rohen Artischocken und Espelette-Chili-Vinaigrette

Schwarte

1 l	Wasser
35 g	Natursalz
300 g	Schweineschwarte (½ cm dick › abgeschnittene Haut vom rohen, › ungeräucherten Schweinebauch)
500 ml	Pflanzenöl

Einige Stunden vor der Zubereitung dieses Gerichts Wasser und Salz in einem kleinen, flachen Topf aufkochen und die Schwarte, in 2–3 Stücke zerteilt, darin weich kochen (das dauert etwa 1½–2 Stunden). Mit einer Schaumkelle vorsichtig herausnehmen und auf einem Küchenkrepp abtropfen lassen. Küchenkrepp entfernen und kalt stellen. Die gut abgetrocknete Schwarte in dem Pflanzenöl bei etwa 170 °C ganz langsam kross frittieren. Herausnehmen, abtropfen lassen und in nicht zu feine Splitter brechen. Das geht am besten im Mörser.

Artischockensalat

	Saft von 1 Zitrone
8	kleine Artischocken (Poweraden)
60 ml	Olivenöl (leichtes, frisches Aroma)
35 ml	heller Balsamessig › (eventuell Gewürzamt-Balsam)
2 g	Natursalz
½ TL	heller Rohrzucker
½ TL	gemahlenes Espelette-Chili

Kaltes Wasser mit dem Zitronensaft vermischen. Die Säure des Zitronensaftes verhindert, dass die Artischocken oxidieren und braun werden. Die einfach zu entfernenden Artischockenblätter nach unten wegziehen und den Stiel bis auf etwa 3 cm zurückschneiden. Mit einem sehr scharfen Messer ⅔ des Artischockenkopfes entfernen. Mit einem kleinen Messer alles an der Artischocke entfernen, was grün und nicht weiß ist, indem man mit kleinen Schnitten an der Artischocke entlang schneidet. Die Fasern im Innern der Artischocke sind so zart, dass sie nicht entfernt werden müssen. Die Artischocken in das Zitronenwasser geben. Olivenöl, Balsamessig, Salz, Zucker und Espelette-Chili mit einem kleinen Quirl zu einer Vinaigrette rühren. Die Artischocken in Stielrichtung hauchdünn aufschneiden oder sehr dünn hobeln. Sofort in die Marinade geben und nochmals abschmecken.

Steinbutt

400 g	Filet vom Steinbutt ohne Haut › (Wildfang)
	Natursalz
	fein gemahlener weißer Pfeffer › (Periyar)
50 g	Fassbutter

Das Steinbuttfilet in 4 gleichmäßige Tranchen schneiden und mit Salz und Pfeffer würzen. Eine große Pfanne erhitzen und die Butter in Stückchen gut darin bräunen. Vorsicht: nicht schwarz werden lassen! Den Steinbutt einlegen und mit der Butter stetig übergießen. Nach 2 Minuten die Filetstücke wenden und weitere 2 Minuten bei mäßiger Hitze braten.

Anrichten

	grob gemahlenes schwarzes › Hawaiisalz
	Geflügeljus

Den Artischockensalat als dünnen Teppich auf den Tellern verteilen und leicht mit der Espelette-Vinaigrette benetzen. Den Fisch aus der Butter nehmen und darauf anrichten. Die Schwartensplitter großzügig darüber streuen und mit der Butter übergießen. Schwarzes Salz darüber streuen und mit einigen Tropfen Geflügeljus beträufeln. Sofort servieren.

Gewürznelken

Die Gewürznelke hat ihren Namen sinnigerweise von ihrer Form. Denn Nelke steht nicht für die Blume, wie man vielleicht vermuten mag, sondern für den Nagel, ein antiker Nagel, dem die Gewürznelke sehr ähnlich sieht. Das Aussehen ist für dieses Gewürz eher unerheblich, auch wenn die Form manchmal sehr funktionell sein mag: Zum Beispiel, um einen Schweineschinken damit zu spicken und ihn mit Ahornsirup zu glacieren. Das ist eine der wenigen Zubereitungsarten, bei denen man die Gewürznelke pur einsetzt. Meist verwendet man sie in Gewürzmischungen, so zum Beispiel in diversen Currys, in Quatre-Epices, im klassischen Glühweingewürz usw., oder in Verbindung mit anderen Gewürzen.

Die Nelke hat mit 15 Prozent einen relativ hohen Anteil an ätherischen Ölen, wobei der Kopf, also das kleine Kügelchen am Ende des „Nagels“ damit am stärksten ausgestattet ist. Deshalb wird aus dem Kopf meist Nelkenöl gewonnen. Die rotbraunen Stielchen werden gemahlen und meist industriell weiter verarbeitet oder als Nelkenpulver verwendet. Ich finde, man muss die Nelke gar nicht mahlen, weil sie so kräftig und verführerisch mit opulenten Aromen ausgestattet ist. Man kann sie bei vielen Zubereitungsarten einfach im Ganzen zugeben und nach erreichter Geschmacks-Konzentration einfach wieder herausnehmen. So ist das eigenwillige Aroma der Gewürznelke, die in Indonesien beheimatet ist und heute auch sehr stark in Tansania angebaut wird, wesentlich besser steuerbar. Das ist auch sehr wichtig, denn Duft und Geschmack dieses Gewürzes lassen sonst dem zu würzenden Grundprodukt keine Chance.

So kann man zum Beispiel in einem Frikassee, anstatt Zwiebel, Lorbeer und Nelke getrennt einzusetzen, eine Spickzwiebel zugeben: da wird auf einer Zwiebel mit zwei Gewürznelken ein Lorbeerblatt festgesteckt.

Eine ganz andere Einsatzmöglichkeit der Gewürznelke ist, bei leichten Zahnschmerzen einfach darauf zu beißen und sie im Mund zu lassen. In Indonesien wird sie zum Parfümieren der landestypischen Nelkenzigaretten verwendet. Oder man kann eine Orange mit einigen Nelken spicken, die ihren Duft an die Zimmerluft abgibt. Trotz oder gerade wegen ihres kräftigen Geschmacks lässt sich die Nelke mit sehr vielen anderen Gewürzen kombinieren, wie zum Beispiel mit Zimt, Pfeffer, Sternanis, Kardamom, Muskat und Piment, dessen zweiter Namen Nelkenpfeffer schon auf die geschmackliche Verwandtschaft hindeutet.

Kommentar von J. Dollase: Dieses scheinbar bizarre Rezept wird erst möglich, wenn man sich von den üblichen Vorstellungen von Nelken als Gewürz etwas trennt. Auch bei einem absoluten Standard-Gewürz wie der Nelke gibt es ganz erhebliche Qualitätsunterschiede. Eine „schlechte" Nelke schmeckt einseitig und wird schnell penetrant, eine gute Qualität scheint sich völlig unproblematisch in ein Gericht einzufügen. Hier sind es die dunkel-erdigen Noten des Pumpernickels, die sozusagen mit dem Katalysator Zucker einen ganz speziellen Akkord mit den Nelken produzieren. Beim Apfelkompott sorgt die Technik des Karamellisierens dafür, dass es nicht nur süß wird, sondern wegen der Karamellnote sehr viel tiefer schmeckt. Die Qualität des Aceto Balsamico kann so gut sein, wie es Ihr Geldbeutel zulässt. Beim Essen empfiehlt sich eine sehr präzise Dosierung des Balsamicos mit den anderen Elementen, weil er sonst leicht untergeht.

Für 4 Personen

Pumpernickelsoufflé

mit Gewürznelken auf karamellisiertem Apfelkompott mit altem Balsamessig

Soufflé

150 g Pumpernickel
6 cl trockener Rotwein (Syrah)
85 g weiche Butter (und weiche Butter › für die Förmchen)
45 g Muscovadozucker
12 Gewürznelken
3 Eigelbe
3 Eiweiße
2 Msp. Fleur de sel
45 g heller Rohrzucker › (und Zucker für die Förmchen)

Den Pumpernickel im Mixer sehr fein zermahlen. Mit dem Syrah übergießen und gut vermischen, damit der Pumpernickel den Rotwein aufnehmen kann.
Die weiche Butter mit dem Muscovadozucker schaumig schlagen. Die Gewürznelken im Mörser sehr fein zerreiben und zu der Butter geben. Die Eigelbe nach und nach einrühren und noch mindestens 3 Minuten weiterrühren. Die eingeweichten Pumpernickelkrumen untermischen. Das Eiweiß mit dem Zucker steif schlagen. (Wichtig ist, dass man den Zucker gleich zu Anfang zugibt, da das Eiweiß dann mehr Stand hat.)
⅓ des geschlagenen Eiweißes unterheben, den Rest nach und nach untermischen. Mit Fleur de sel würzen. 4 Keramikförmchen (8 cm Durchmesser, mindestens 5 cm Höhe) mit weicher Butter sehr sorgfältig ausstreichen, sonst lässt sich das Soufflé später nicht aus der Form lösen, und mit Rohrzucker gut ausstreuen. Den Teig auf die Förmchen verteilen. Ein flaches Gefäß 1 cm hoch mit Wasser füllen, die Förmchen darauf setzen und für 17 Minuten in den auf 200 °C vorgeheizten Ofen schieben. Das Soufflé soll bis über den Rand aufgehen.

Apfelkompott

2 nicht zu weiche Äpfel (Boskop)
100 g Rohrzucker
80 ml naturtrüber Apfelsaft
Natursalz
30 g Butter

Die Äpfel schälen und großzügig vom Kerngehäuse befreien. Den Rohrzucker karamellisieren: eine kleine Menge Zucker in der heißen Pfanne schmelzen lassen und nach und nach den restlichen Zucker unter Rühren zugeben. Wenn die gewünschte Farbe erreicht ist, mit Apfelsaft ablöschen und leicht salzen. Den Karamell so lange einkochen, bis sich alle Zuckerklümpchen aufgelöst haben und ein recht dicker Sirup entstanden ist. Die Äpfel in jeweils 8 Spalten teilen, zugeben und durchschwenken, bis sie ganz vom Karamell umhüllt sind. Die Butter hinzufügen und schmoren lassen, bis die Äpfel fast gar sind. In der zugedeckten Pfanne nahezu auskühlen lassen. Mit einer Gabel nicht zu fein zerdrücken und mit dem Karamell zu einem marmorierten Kompott vermischen.

Anrichten

4 EL Aceto balsamico › (mindestens 13–15 Jahre alt)

Das Kompott auf den Tellern als rundes Beet anrichten. Die ofenwarmen Soufflés darauf platzieren und mit dem alten Balsamico umgießen.

Ingwer

Wahrscheinlich stammt der Ingwerwurzelstock aus dem chinesischen Raum. China ist noch heute einer der wichtigsten Produzenten, wenn auch der größte Teil der Weltproduktion aus Indien stammt.
Bei uns in Europa ist Ingwer, auch wenn jeder den Namen schon mal gehört hat, ein exotisches Produkt oder Gewürz geblieben. Wegen seines zitrusartigen, gleichzeitig aber auch sehr scharfen Geschmacks kann der typische Deutsche nur bedingt etwas damit anfangen.
Weltweit zählt der Ingwer zu den wahrscheinlich beliebtesten Heilmitteln und ist weit verbreitet als Zutat beim Kochen. In der Ayurveda-Medizin wird die Ingwerwurzel seit Jahrhunderten als Heilpflanze verwendet, und ihr frischer, scharfer Geschmack macht sie für die indische oder asiatische Küche enorm wichtig. In Indien gibt es die Redewendung „There is no tincture without ginger", keine Tinktur ohne Ingwer. Die meisten ayurvedischen homöopathischen Heilmittel enthalten Ingwer, da ihm nachgesagt wird, die Heilkraft anderer Pflanzen verstärken zu können. Ingwer wurde von jeher als Verdauungsmittel benutzt, als Stimulans für den Kreislauf, als Fiebersenker, als Schmerzlinderer und als Mittel gegen Erkältungskrankheiten. Soviel zum gerade beim Ingwer nicht unerheblichen Faktor Gesundheit.
In unserer Rentamtküche hat sich Ingwer in den letzten Jahren immer mehr durchgesetzt, bedingt auch durch meine Mitarbeiter aus aller Welt, aus Thailand und Vietnam, und einen jungen verrückten Amerikaner namens Alan, der schon einige Jahre mit mir zusammenarbeitet. Mittlerweile stellen wir sogar unseren eigenen Sushi-Ingwer her und servieren ihn zusammen mit gebratenem Sashimi vom Thunfisch und karamellisierten Radieschen. Aber auch eine Bluttaube auf Püree von Kartoffeln und schwarzen Oliven mit einem würzigen und kräftigen Ingwerjus, in dem nur einige Stückchen frischen Ingwers gezogen haben, lebt durch die Verquickung unterschiedlichster orientalischer und okzidentalischer Aromen und bietet ein Feuerwerk an Kraft, Geschmack und zitroniger Frische. Ein Tipp: Wenn Sie eine Saftpresse mit Zentrifuge zuhause haben, dann entsaften Sie den geschälten Ingwer damit. Nach kurzer Zeit werden Sie sehen, wie sich die Stärke im Ingwersaft absetzt. Wenn Sie diese Flüssigkeit wieder aufrühren, ist es ein Leichtes, einen kräftigen Taubenjus oder auch einen beliebigen anderen Jus damit abzubinden und wundervoll zu aromatisieren. Dieser Saft ist gut und praktisch zu verwenden. So kann man auch einen herrlichen Ingwerauszug anstatt eines Tees daraus zubereiten.
Ein Sushi mit frisch geriebenem Ingwer, Frühlingslauch und Matjes ist die Kreation meines japanischen Freundes Kinya, seines Zeichens Sushimeister, Tee-Zeremonienmeister und Messerschleifmeister: Ein in der Tat atemberaubendes Gefühl, wenn fetter Matjes mit scharfem Ingwer und Frühlingslauch auf der Zunge einen Tanz vollführen. Wunderbar. Oder ein Cremeeis von weißer Schokolade und Ingwer zum Gratin von indischen Mangos. Ich sagte ja, wie soll ich das nur schaffen auf einer Seite? Genug Ideen hätte ich ja noch.

Kommentar von J. Dollase: „Gebratenes Sashimi" ist eigentlich ein Widerspruch, weil Sashimi Scheiben von rohem Fisch etc. meint. Trotzdem ist die Bezeichnung zutreffend, weil hier der Fisch im Prinzip roh bleibt und nur einen Hauch von Bratspur – und damit auch einen Hauch von entsprechendem Aroma – mitbekommt. Toro ist die fettreichste und beste Qualität vom Thunfisch, man bekommt sie am besten in japanischen Läden. Die Radieschen ersetzen hier quasi den klassischen Rettich, wirken aber Dank der Karamellisierung wesentlich komplexer. Das milde Hawaiisalz sorgt für einen würzigen Hintergrund, während die Shiso-Blätter wunderbar frische aromatische Tupfer bringen. Mit dem Meerrettich sollte man extrem sparsam umgehen, wobei man fast geneigt ist, ein wenig Verdünnung (vielleicht durch etwas geriebenen frischen Rettich?) vorzuschlagen. Beim Essen sollte man jeweils mit einem Stück Fisch vorsichtig die Wirkung der Zutaten erkunden.

Für 4 Personen

Gebratenes Sashimi

vom Toro auf karamellisierten Radieschen mit Shiso-Ingwer und Wasabi

Shiso-Ingwer

250 g frische Ingwerwurzel
250 ml Wasser
1 TL Natursalz
50 ml Mirin (alkoholisches Würzmittel) › oder halbtrockener Sherry
60 ml Reisessig
1 ½ EL Rohrzucker
30 ml trockener Sake

Die sehr frischen, jungen und nicht holzigen Ingwerwurzeln dünn schälen. In sehr dünne, gleichmäßige Scheiben schneiden oder auf einem Küchenhobel dünn hobeln. Das Wasser aufkochen und die Ingwerscheiben für 5 Sekunden hinein geben. Mit einem Schaumlöffel herausnehmen, in ein verschließbares Gefäß füllen und das Salz darüber streuen.

Mirin und Reisessig mit Zucker erhitzen, bis sich der Zucker aufgelöst hat. Sake zugeben und alles über die Ingwerscheiben gießen. Mit einem Teller beschweren, damit der Ingwer stets von der Flüssigkeit bedeckt bleibt. Das Gefäß verschließen und mindestens 7 Tage an einem kühlen Ort durchziehen lassen.

Radieschen

150 g heller Rohrzucker
125 ml Weißweinessig
Natursalz
300 g möglichst große Radieschen › ohne Grün
30 g Butter

Einen flachen Topf erhitzen und den Zucker nach und nach darin karamellisieren lassen. Mit dem Essig vorsichtig ablöschen (Vorsicht: Verletzungsgefahr!) und so lange leicht köcheln lassen, bis sich alle Karamellstückchen aufgelöst haben. Mit dem Salz abschmecken und vom Herd nehmen. Die Radieschen putzen und auf einem Küchenhobel in 2 mm dicke Scheiben hobeln. Den Karamell aufkochen, die Radieschen zugeben und nochmals aufkochen. Vom Herd ziehen und zugedeckt auskühlen lassen. Die Radieschenscheiben aus dem Karamell heben und in eine mittelgroße Pfanne legen. Soviel Karamell darauf gießen, dass die Scheiben gut bedeckt sind. Einmal aufkochen lassen, die Scheiben auf ein Sieb und den Karamell zurück in die Pfanne gießen. Mit der Butter zu einem nicht zu dicken Sirup einkochen.

Toro

300 g Toro (fetter Thunfisch aus den › Bauchlappen) oder Yellowfin Tuna
Natursalz
weißer Pfeffer aus der Mühle
1 EL Pflanzenöl

Den Toro in 4 x 4 cm starke Stücke schneiden lassen. Salzen und pfeffern. Das Öl in einer planen Pfanne erhitzen und den Toro auf jeder Seite maximal 5 Sekunden anbraten. Wenn die Poren rundherum geschlossen sind, herausnehmen und in 20 gleichmäßig dicke Scheiben schneiden. Der Fisch darf auf keinen Fall Farbe annehmen. Bei diesem Gericht dreht sich alles um Temperaturen und Texturen.

Anrichten

schwarzes Hawaiisalz
8 Shisoblätter
1 Stück frische Wasabiwurzel (oder › ersatzweise Wasabi aus der Tube)

Die Radieschenscheiben schuppenartig als Kreis anrichten und mit dem Sirup abglänzen. Den Toro darauf setzen, mit dem schwarzen Salz bestreuen und mit dem Ingwer bedecken. Die Shisoblätter fein schneiden, mit ein paar Tropfen Einlegefond anmachen und darüber geben. Den frischen Wasabi auf einer sehr feinen Meerrettich- oder Muskatreibe zu feinstem Püree reiben und als winzige Tupfen auf den Teller setzen.

Tipp: *Anstelle des Toros kann auch roter Thunfisch verwendet werde.*

Kardamom

Wenn ich immer wieder höre, dass Kardamom eines der teuersten Gewürze sei, muss ich mich doch sehr wundern. Denn Kardamom verfügt über einen sehr dichten, kräftigen und vor allem sehr ergiebigen Geschmack, den man nur in feinsten Dosen einsetzen sollte.

Wie alle der Ingwerfamilie zugehörigen Gewürze verfügt Kardamom über ein scharfes, sehr von ätherischen Ölen geprägtes, überschwängliches Aroma, das sich mit Zitronen, Kampfer und vielleicht etwas mit dem Parfüm des Ingwers beschreiben lässt. Kardamom wird meist in den ganzen Kapseln angeboten, die auch gleich die perfekteste Verpackung für den Erhalt der Aromen ist. Kaufen Sie Kardamom nie gemahlen! Die opulent mit ätherischen Ölen ausgestatteten kleinen grauen Samen des Kardamoms verlieren ihr frisches Aroma sonst in kürzester Zeit. Sogar in der geschlossenen Kapsel baut Kardamom sein Aroma wesentlich schneller ab als die meisten anderen Gewürze. Man findet am Markt verschiedene Kardamomqualitäten, die mehr oder weniger schmackhaft und vielfältig einsetzbar sind. Die am weitesten verbreitete Kardamomart ist der so genannte grüne Kardamom. Leider muss immer wieder beobachten, dass er meist graugrün, blassgrün oder – im schlimmsten Fall – unansehnlich hellbraun ist. Die Farbe des Kardamoms verbinde ich mit seiner Frische, weil er, wie gesagt, sehr schnell die ätherischen Öle abbaut.

Der grüne Kardamom ist eine wundervolle traditionelle Kaffeewürze im Orient. Dort gibt es Kaffeekannen, die einen kleinen durchlöcherten Deckel im Ausguss haben, in den man die Kardamomkapseln legen kann. Gießt man den Kaffee aus, nimmt er kleine Mengen des Aromas mit. Das schmeckt besonders gut mit reichlich Zucker. In Indien würzt er Currys und den indischen Tee mit Milch, Zucker und Gewürzen. Er ist in unserem Dal, im Lebkuchengewürz und vielen anderen Speisen enthalten.

Zum Verarbeiten des Kardamoms muss man die Kapseln öffnen und die Samen entnehmen. Die sollten immer frisch zerrieben werden. Nur so hat man den hundertprozentigen vollen Kardamomgenuss. Kardamomsaat, die als Industrieware häufig angeboten wird, ist zwar sehr praktisch für zarte Fingernägel, die beim Öffnen der Kapseln gern in Mitleidenschaft gezogen werden, aber man sollte sie schnell verbrauchen. Für den weißen Kardamom kenne ich nur zwei Verwendungszwecke: ich nehme die kleine, weiche, runde Kapsel, die nach Salmiak und manchmal nach feuchter Erde duftet, ganz gemahlen für Raz el Hanout und thailändische Currypasten. Es ist keine eigene Kardamomsorte, sondern eher eine regionale gebleichte Thai-Spezialität. Die Form ist komplett anders ist als beim grünen und die Farbe entsteht durch das Bleichen der Kapseln. Der schwarze Kardamom ist eine eigene Gattung. Er wird oft als Ersatz für den grünen Kardamom erwähnt und hat kräftige, pfefferige Aromen. Durch das Räuchern der Kapseln bekommt das Aroma noch einen speziellen Duft, der aber in unseren Küchen noch keine Popularität gewonnen hat.

Kommentar von J. Dollase: Die aromatisch außergewöhnliche Vielfalt der Käsesorten ist in der Küche – von einigen regionalen Spezialitäten wie das allgemein beliebte Raclette einmal abgesehen – bei weitem noch nicht genutzt. Glücklicherweise kümmern sich heute aber mehr und mehr kreative Köche um ihre Nutzung und das nicht selten mit Aromen aus aller Welt. Ingo Holland setzt hier auf eine Verbindung, die sich in vielen Variationen empfiehlt, nämlich die eines exotischen Gewürzes plus Honig. Beide Elemente ergänzen oft das Käsearoma ganz ausgezeichnet. Der Honig nimmt etwas Herbheit und erweitert die milden, „süßen" Anteile beim Käse, während die milde, leicht fruchtige Kardamomsaat die etwas neutrale Würze des Ziegentomme deutlich erweitert. Besonders interessant ist die Verbindung der fruchtigen Anteile beim Kardamom mit der Orangennote. Sie sorgt für das, was Holland „eine total aufregende Aromatik" nennt. Denkbar sind solche Kombinationen mit allen möglichen Pfeffersorten, diversen Honigsorten aber auch Chutneys und vielen süß-sauren Zubereitungen. Die Kardamomsaat halte ich in unseren Breiten für ein hochgradig unterbewertetes Gewürz.

Für 4 Personen

Ziegentomme
mit Kardamom und Orangenblütenhonig

Ziegentomme

3	**Kardamomkapseln**
4	**Scheiben nicht zu junger › Ziegentomme (1–1,5 cm dick)**
	Mehl
2 EL	**Pflanzenöl**
4 EL	**Orangenblütenhonig**
	schwarzer Pfeffer aus der Mühle › (Malabar)

Die Kardamomkapseln halbieren, die Saat entnehmen, im Mörser zerstoßen und gleichmäßig auf einem Schneidebrett ausstreuen. Die Käsescheiben auf den Kardamom legen und andrücken, sodass er haften bleibt, und anschließend in Mehl wälzen.
In einer Pfanne das Öl erhitzen und die Scheiben bei relativ großer Hitze von beiden Seiten goldbraun anbraten. Wenn man ihn zu langsam anbrät, reißt er in der Pfanne auf und läuft aus. Den heißen Käse auf den Tellern anrichten. Den nicht zu kalten Honig mit einem Löffel in Fäden auf dem Käse verteilen. Den Pfeffer grob darüber mahlen und umgehend servieren.

Ein absolut unkompliziertes Gericht mit einer total aufregenden Aromatik, das ich wegen seiner Einfachheit liebe.

Koriander

Koriander gehört zu den Doldenblütengewächsen. Verwendet werden die Körner, die Blätter und – allerdings ausschließlich in Thailand – auch die Wurzeln, zum Beispiel in grüner und roter Thaicurrypaste. Er ist eines der Gewürze, die auch in Deutschland jeder kennt, häufig jedoch, ohne es zu wissen, denn Korianderkörner sind ein wichtiger Bestandteil in allen Brotgewürzen. Koriander wird auf der ganzen Welt als Gewürz benutzt.

Der Geschmack des grünen Blattes wird oft als frisch, grün, würzig und sogar zitrusartig beschrieben. Ich würde noch weiter gehen und das Blattgrün des Korianders durchaus mit dem Geschmack der ätherischen Öle der Orangenschale vergleichen. Ganz zufällig habe ich mit Korianderkörnern eine interessante Entdeckung gemacht. Bei den Aufnahmen für eine Sendung des Hessischen Fernsehens musste ich für eine Einstellung in einem Granitmörser Korianderkörner zerstoßen. Ob es an meinen schauspielerischen Talenten lag, am Licht oder an einem anderen Problem, weiß ich nicht mehr zu sagen, aber es dauerte unsäglich lange, bis die Einstellung im Kasten war. Immer wieder hörte ich: Herr Holland, ein bisschen noch, wir haben es gleich. Mein Arm schmerzte schon, als die Regisseurin endlich Erbarmen mit mir – und meinem Arm – hatte. Doch die Mühe wurde fürstlich belohnt. Beschreibt man das ganze oder auch gemahlene Korn des übrigens schwerpunktmäßig in Russland und Mitteleuropa angebauten Korianders, so greift man gerne auf Attribute zurück wie zum Beispiel nussig, ganz leicht pfeffrig und ein wenig nach Petersilie.

Ich machte bei meiner anstrengenden Darbietung die Erfahrung, dass das Korianderkorn, im Gegensatz zum Mahlen, im Mörser eine andere Geschmacks- und Duftrichtung entwickelt. Am Anfang hat der Koriander in der Mörserschale den Duft wie oben beschrieben. Durch das lange Reiben mit dem Stößel lösen sich offenbar die ätherischen Öle, die eigentlich noch nicht einmal in überschwänglicher Menge vorkommen. Es entsteht ein wunderbar frischer, orangiger Duft, der durchaus an frischen Blattkoriander erinnert. Beim schnellen Zerkleinern in der Mühle werden die Aromen wohl nicht so gelöst.

Diese Erfahrung kann man gut nutzen, wenn mal kein Grün vorhanden ist. Nach wie vor ziehe ich aber, wenn ich eine Guacamolé herstelle, das frische Grün des Korianders vor. Ebenso, wenn ich eine Linsendal zubereite, wo zum Schluss das Koriandergrün in die Würzbutter kommt. Oder im Salat von grünen Mangos. Korianderblätter sollten ausschließlich frisch verwendet werden, möglichst ohne Hitze oder nur sehr kurz erwärmt. Lange Kochvorgänge übersteht das Korianderblatt nicht. Das Korn ist da erheblich robuster. Man kann Falafel gut damit abschmecken, und man kann es ordentlich lange frittieren.

Beim Brotbacken verstärkt sich das Aroma sogar noch. Im Allgemeinen wird das Korianderkorn bei uns meist zu Mischgewürzen verarbeitet. Geröstet und ungeröstet kommt es in Currys, Masalas und vielen anderen Mischungen zum Einsatz. Gemahlener Koriander sollte, ebenso wie alle anderen gemahlenen Gewürze, Licht und Aroma geschützt verpackt sein.

Kommentar von J. Dollase: In diesem Rezept kommen gleich zwei wichtige Klassiker der Küche mit Gewürzen zum Einsatz. Den Kichererbsen-Knödel Falafel kennt man aus fast jeder orientalischen Snackbar in den entsprechenden Vierteln unserer Großstädte. Entsprechend enttäuschend fällt er dort auch häufig aus. Tatsächlich ist es eine der typisch orientalischen Misch-Zubereitungen, die der aromatischen Fantasie kaum Grenzen setzen. In dieser Version kommt man durch die ausgewogene, eher milde Balance zwischen einer feinen Schärfe, einer leichten Säure (immer sehr wichtig, wird in unserer Küche leider meist nicht genutzt) und der zweifachen Korianderwürze eindeutig in den Bereich der avancierten Küche. Wichtig ist, ihn beim Ausbacken auf keinen Fall zu dunkel werden zu lassen. Die möglichen Bitterstoffe können die gesamte Wirkung zunichte machen. Nummer zwei ist die Tomate, ein Produkt, mit dem man so gut wie alles anstellen kann. Ingo Hollands Kunstwerk braucht seine Zeit, kann aber sicherlich davon überzeugen, in Zukunft eigene Experimente in dieser Richtung anzustellen.

Für 4 Personen

Presskopf vom Pulpo

mit Zitronen-Anchoiade-Vinaigrette, Koriander-Falafel und confierten Tomaten

Presskopf

1	Pulpo (1,3 kg)
75 g	Natursalz
100 ml	Weißweinessig
2 EL	schwarze Pfefferkörner
2	Lorbeerblätter
1	Knoblauchknolle
2	klare Kunstdärme (8 cm Durchmesser; vom Metzger)

Falafel

125 g	Kichererbsen
	Natursalz
8	fein gehackte Knoblauchzehen
5	fein gehackte Schalotten
4	zerstoßene Bird-Eye-Chilis
60 ml	Olivenöl
2 TL	Korianderkörner
4 EL	Kichererbsenmehl
1 EL	Zitronensaft
2 EL	gehackter Blattkoriander
½ l	Pflanzenöl

Vinaigrette

1	Zitrone (Schale und Saft)
2	fein gehackte Schalotten
2	fein gehackte Knoblauchzehen
100 ml	kräftiges Olivenöl
2 TL	Anchoiade (Sardellenpaste)
50 ml	Gemüsebrühe
	Natursalz
	weißer Pfeffer aus der Mühle
	Zucker

Confierte Tomaten

15	Kirschtomaten mit Stielansatz, nicht zu groß
3 EL	Olivenöl
1 TL	Natursalz
1 TL	gestoßene Pfefferkörner (Malabar)
6	grob geschnittene Knoblauchzehen
3	Sternanis
½ TL	ganzer Kreuzkümmel
½ TL	wilde Fenchelsaat
½ TL	Anis
1 TL	Schwarzkümmel
2	getrocknete Thaichilis
1	Lorbeerblatt
½ TL	gemahlener Kreuzkümmel
½ TL	gestoßene Pimentkörner
1	gemörserter langer Pfeffer
2 cl	Pastis
3 cl	weißer Balsamessig
1 EL	Honig

Anrichten

150 g	Salat mesclun (gemischter, geputzter Blattsalat)
2 EL	Salatsauce (wie im Rezept Bluttaubenbrust, siehe Seite 127)

Den Pulpo wässern, das heißt das ganze Tier mit kaltem Wasser gut waschen und dann in einem Gefäß etwa 1 Stunde lang fließendes Wasser darüber laufen lassen. Den Körper und das Maul des Pulpos entfernen. Die Tentakeln (Arme) vom Körper abtrennen. Wasser mit Salz, Essig und Gewürzen zum Kochen bringen. Die Knoblauchknolle in der Mitte durchschneiden und zugeben. Die Pulpo-Arme bei kleiner Hitze in etwa 2 Stunden gar kochen. Die Zeit kann etwas variieren, wichtig ist, dass der Pulpo völlig gar ist. Mit einer Lochkelle aus dem Sud nehmen und etwas abtropfen lassen. Noch heiß in 2–3 cm große Stücke schneiden und in die Kunstdärme füllen. Dabei immer wieder drücken, um Luftblasen zu vermeiden. Eventuell mit einer Gabel Löcher einstechen, damit die Luft entweichen kann. Mit einer Kordel fest zu Würsten zubinden. Zuerst heiß, dann kalt abwaschen, abtrocknen und in den Kühlschrank legen. Der Presskopf sollte mindestens einen Tag vollkommen durchkühlen.

Die Kichererbsen über Nacht einweichen. Im Einweichwasser mit etwas Salz kochen, bis sie gar sind und keinen Biss mehr haben. Knoblauch, Schalotten und Chilis im Olivenöl weich dünsten. Auskühlen lassen. In einem Küchenmixer die Kichererbsen mit der Knoblauch-Schalotten-Mischung fein mixen. Dabei Korianderkörner (gut im Mörser gestoßen), Kichererbsenmehl und Zitronensaft zugeben. Mit Salz abschmecken und Blattkoriander untermischen. Das Püree in kleine Birnen von der Größe eines halben Zeigefingers abdrehen. Nach einer Frittierprobe – sollte der Teig nicht halten, noch etwas Kichererbsenmehl untermischen – im nicht zu heißen Pflanzenöl braun und knusprig ausbacken. Abtropfen lassen. Die Zitrone hauchdünn schälen und die Schale in feinste Würfel schneiden. In reichlich Wasser 1 Minute kochen. Das Wasser abschütten und die Zestenwürfel nochmals abwaschen. Fein gehackte Schalotten und Knoblauch im Olivenöl bei niedriger Hitze glasig dünsten. Zestenwürfel zugeben und die Anchoiade so lange einrühren, bis sie sich aufgelöst hat. Die Brühe einrühren und mit Zitronensaft ausreichend säuern. Mit Salz und Pfeffer und eventuell einer kleinen Prise Zucker abschmecken.

Eine Pfanne, die groß genug ist, um alle Kirschtomaten aufzunehmen, sehr stark erhitzen. Die Tomaten samt Stielansatz in die Pfanne mit rauchendem Olivenöl geben. Das Fett muss so heiß sein, damit die Haut gleich aufreißt und die Tomaten die Gewürzaromen direkt aufnehmen können. Salzen und durchschwenken. Alle Gewürze schnell dazugeben und kurz unterschwenken. Mit Pastis flambieren, bis der Alkohol verbrannt ist. Essig und Honig einrühren, kurz aufkochen und sofort in ein flaches Gefäß gießen, sodass die Tomaten fast ganz von dem Saft bedeckt sind. Zwei Tage an einem warmen Ort stehen lassen und mehrmals täglich übergießen.

Den kalten Presskopf am besten auf der Aufschnittmaschine in 2 mm starke Scheiben schneiden und auf dem Teller als Rosette anrichten. Mit der lauwarmen Vinaigrette akkurat bedecken. Die heißen Falafel sternförmig darum herum und die confierten Tomaten in die Zwischenräume setzen. Den Salat mit der Sauce anmachen, in die Mitte platzieren und servieren.

Kreuzkümmel

Der Kreuzkümmel ist wie unser heimischer Kümmel ein Doldenblütengewächs. Beide Gewürze, bei denen man in der Tat von Früchten und nicht von Samen spricht, sind für den ungeübten Betrachter optisch schwer auseinander zu halten.
Die besten Unterscheidungsmerkmale sind zum einen die Farbe, die beim Kümmel etwas dunkler ausfällt als beim Kreuzkümmel, und zum anderen die Form. Der Kreuzkümmel hat nämlich keine starke Krümmung, im Gegensatz zum Kümmel, der fast wie eine Mondsichel aussieht. Beim Schnuppern wird die Unterscheidung schon einfacher. Hier gibt es fast keine Parallelen. Den Duft des Kreuzkümmels würde ich als animalisch, mineralisch und für sensible Geschmäcker auch als breit und aufdringlich beschreiben. Das ist möglicherweise auch der Grund, warum doch einige Gäste gewisse Probleme mit dem Geschmack von Kreuzkümmel haben. Gelegentlich werde ich über Kreuzkümmelallergien informiert, was ich allerdings eher für unwahrscheinlich halte. Ich denke, es wird dieser ziemlich spezielle Geschmack sein, der dem einen oder anderen nicht bekommt.
Ich arbeite sehr gerne mit Kreuzkümmel, den ich allerdings mit Säuren, wie Essig, Zitrone und Limone, oder mit verschiedenen Kräutern, wie Basilikum, Koriander und Epazote, wieder ausbalanciere. Durch Rösten ohne Fett kann man den eigenwilligen Geschmack positiv verändern. Er bekommt dann einen wunderbar speckigen Duft, sodass ich auch mal ein Kartoffeldressing zum Feldsalat damit abschmecke.
Kreuzkümmel ist eines der am meisten verbreiteten Gewürze der Welt. Man findet ihn in allen Kulturen: in der Cajun-Küche der USA, in Guacamolé und vielen anderen Zubereitungen der südamerikanischen Küche, in afrikanischen Gewürzmischungen wie Ducca, Berbere, Baharat und Raz el Hanout, in China, Indien oder Thailand. Asien scheint die große Heimat des Cumins zu sein. In Zentraleuropa hat er jedoch nur zaghaft Fuß gefasst. Nur in Südeuropa, wie zum Beispiel der Türkei, ist er ebenfalls heimisch geworden.
Ich verwende ihn liebend gerne in meiner Guacamolé, einem meiner Dauerbrenner, mit dem ich zum Vegetarier mutieren könnte. Da gehe ich auch überhaupt nicht sparsam damit um. Kombinieren lässt er sich mit ebenso kräftigen Aromen und Gewürzen wie zum Beispiel Zimt, Nelken, Kardamom, Sternanis, Fenchel, Chili, Koriander, Lorbeer und brauner Senfsaat – einfach mit allem, was in einem guten Curry auch vorhanden ist.

Kommentar von J. Dollase: Ein ungewöhnliches Rezept, bei dem gleich mehrere Kulturen zusammenkommen. Ingo Holland hat sie hier zu einem sensorisch sehr mundfüllenden Sandwich zusammengefügt, das ausgesprochen süffig schmeckt. Für die Avocadocreme braucht man unbedingt eine schon leicht weiche, reife Frucht. Das schnelle Beträufeln mit Limonensaft verhindert die Oxydation. Vor dem Servieren kann man die Guacamolé auch gut durchkühlen, weil dadurch ihre Frische unterstützt und der Akkord noch vielfältiger wird. Beim Essen dieses Sandwichs wird es dann zuerst ziemlich krachen, dann wird sich die schmelzendweiche Avocadocreme erfrischend im Mund ausbreiten, bis sich dann das Aroma des Schweinebauchs entfaltet. Auch wenn das aromatische und texturelle Spektrum hier sehr weit gefasst ist, kann man von dem Aufbau auch für den simpelsten Schnell-Sandwich zu Hause viel lernen: es geht nicht darum, möglichst viel aufeinander zu stapeln, sondern um eine klare Rollenverteilung zum Beispiel zwischen warm und kalt, hart und weich, schmelzend oder elastisch. Wenn das gelingt, schmecken die Kompositionen wesentlich besser.

Für 4 Personen

Kreuzkümmel-Zwieback

mit Guacamolé und knusprigem Schweinebauch

Briocheteig (Vorteig)

50 g	Mehl
½	Hefewürfel
30 ml	Vollmilch

Hauptteig

215 g	Mehl
30 g	heller Rohrzucker
6 g	Natursalz
90 g	weiche Butter
1	Ei
5	Eigelbe
1 ½ TL	gemahlener Kreuzkümmel
1 TL	ganzer Kreuzkümmel

Guacamolé

2	fein gehackte Schalotten
2	fein gehackte Knoblauchzehen
2–3	Bird-Eye-Chilis
50 ml	kräftiges Olivenöl
2	reife Avocados
2–3 EL	Limonensaft
	Natursalz
	weißer Pfeffer aus der Mühle
1 TL	getrocknete Epazote › (mexikanisches Teekraut)
1 TL	gemahlener Kreuzkümmel
2	Strauchtomaten
2 TL	gehackter Blattkoriander

Schweinebauch

500 g	ungeräucherter Schweinebauch › (mit Schwarte, ohne Knochen)
	Natursalz
1 TL	Baharat
3	Knoblauchzehen
50 ml	Pflanzenöl

Anrichten

⅙ Kopf	Eisbergsalat
	Fleur de sel
1 Bund	Kerbel

Am Vortag einen Vorteig herstellen: Das Mehl in eine Schüssel sieben, in die Mitte eine Mulde drücken und die Hefe hineinbröckeln. Die Milch erwärmen und über die Hefe gießen. Unbedingt darauf achten, dass die Milch etwa handwarm ist, da die Hefen sonst absterben und der Teig keinen Trieb hat. Die Hefe mit der Milch und einem Teil des Mehls zu einem dicklichen Teig anrühren. Etwas von dem Mehl über das so genannte Dampferl streuen. Sobald das Mehl auf dem Dampferl grobe Risse aufweist, alle Zutaten zugeben und in der Küchenmaschine mindestens 8–10 Minuten mit dem Knethaken zu einem glatten Teig verarbeiten. Eine Frischhaltefolie direkt auf den Teig legen und über Nacht, mindestens aber 8 Stunden, im Kühlschrank gehen lassen. Danach zu einer gleichmäßigen Rolle formen. Eine Kastenform gewissenhaft ausbuttern, die Teigrolle einlegen und gleichmäßig in die Form drücken. Abdecken und an einem warmen, aber nicht zugigen Ort gehen lassen. Je nach Raumtemperatur kann dies bis zu 2 Stunden dauern. Das Volumen sollte sich dabei in etwa verdreifachen.

Die Form in den auf 210 °C vorgeheizten Ofen geben und so lange backen, bis die Oberseite goldbraun ist. Mit Folie abdecken, die Temperatur auf 180 °C reduzieren und noch 20–25 Minuten backen. Der Teig sollte rundherum appetitlich braun sein. Herausnehmen und auskühlen lassen.

Schalotten, Knoblauch und zerriebene Chilis (2 oder 3 je nach gewünschter Schärfe) in Olivenöl ohne Farbe anschwitzen und auskühlen lassen. Die Avocados halbieren, vom Kern befreien, schälen, mit einer Gabel auf einem Teller zerdrücken und sofort mit dem Limonensaft beträufeln. Salz, Pfeffer, Epazote, Kreuzkümmel (in der Pfanne angeröstet) und die angeschwitzten Schalotten darüber geben. Die Tomaten vom Strunk befreien, 3 Sekunden in kochendem Wasser blanchieren, herausnehmen und in Eiswasser abschrecken. Die Haut abziehen, in Viertel schneiden und die Kerne entfernen. In gleichmäßige, feine Würfel schneiden. Mit Koriander und Epazote unter die Guacamolé mischen und abschmecken: Die Guacamolé liebt Salz und Limette.

Ebenfalls am Vortag den Schweinebauch nicht zu sparsam mit Salz, Baharat und gequetschten Knoblauchzehen würzen, in Frischhaltefolie packen und über Nacht gut durchziehen lassen. Den Schweinbauch auspacken und die Schwarte von den Gewürzen befreien, da sie sonst verbrennen und bitter würden. Das Öl in einer Pfanne erhitzen und den Bauch auf der Schwarte ganz langsam anbraten, und zwar so, dass die Schwarte aufspringt und spröde wird. Das dauert mindestens 15 Minuten; das Fett sollte dabei nicht rauchen. Im Backofen bei 160 °C unter ständigem Übergießen etwa 1,5 Stunden braten. Das Fleisch muss zart und saftig, die Haut kross sein.

Die Brioche in 1 cm dicke Scheiben schneiden und bei 200 °C im Ofen backen, bis sie knusprig sind. Auf jedem Teller eine Scheibe Zwieback anrichten und darauf einen Löffel Guacamolé geben. In Streifen geschnittenen Eisbergsalat darauf häufen.

Den Schweinebauch auf die Kruste legen, in 1 cm starke Scheiben und dann in gleichstarke Streifen schneiden. Locker auf dem Sandwich verteilen. Fleur de sel darüber streuen. Wieder Salatstreifen, Kerbelblätter und nochmals Guacamolé darauf geben, mit dem zweiten Zwieback bedecken und sofort servieren.

Kurkuma

Der Kurkuma-Wurzelstock (Rhizoma) ist der Lieferant für das zum Beispiel in Indien, auf Java und in Südostasien in großen Mengen hergestellte Kurkuma-Pulver. Es ist das bei uns am meisten bekannte Produkt aus dieser Pflanze. Gelegentlich werden in Asialäden und von ausgesuchten Gemüsehändlern auch frische Kurkumawurzeln angeboten, die aussehen wie dünne Finger. Mit einer bräunlich-silbrigen Haut, wie man sie beispielsweise auch bei anderen Ingwergewächsen findet, ist das tief orangerote Fleisch des Kurkuma-Wurzelstocks überzogen. Die Wurzeln kann man reiben und manchen Currygerichten und Pasten beifügen.

Auch die Blätter finden – unter anderem in Indonesien – als Würze ihre Abnehmer. Ich halte Kurkuma für ein spannendes Gewürz. Es hat ein sehr erdiges Aroma, der Duft alleine erinnert mich an nicht ganz trockene, kalkhaltige Erde. Da ich in erster Linie ein Nasenmensch und erst in zweiter Linie ein Zungenmensch bin, begeistert mich der Geruch umso mehr. Ich liebe erdige Düfte, weil ich damit Natur und Ehrlichkeit verbinde. Der Geschmack des Pulvers nach feuchter Erde mit kräftigen Bittertönen verliert sich auch nach längerem Kochen kaum. Was mich auch keineswegs stört.

Bittertöne haben in unserem Sprachgebrauch leider immer einen negativen Unterton. Was ich nicht recht verstehe, denn jeder mag Schokolade oder Artischocken und trinkt gerne mal einen Magenbitter. Ich liebe ein Karamelleis, das feine bittere Noten hat, ebenso wie einen nussigen, leicht bitteren Osietrakaviar und den Geschmack eines mit Kurkumapulver abgeschmeckten Dals. Bitteraromen wirken auf mich mindestens so erfrischend wie Säure. Und: der Magen nimmt sie nicht übel – durch Sodbrennen beispielsweise.

Kurkuma hat leider ein unverdient schlechtes Image. Das hat weniger mit Geschmack und Qualität zu tun als mit seiner Farbe. Einige Synonyme und Namen anderer Sprachen für Kurkuma weisen darauf hin, dass man ihn gerne als Färbemittel missbraucht: „Indian Saffron“ oder „Safran des Indes“ zum Beispiel. Der arabische Name für Safran ist Kurkum. Diese beiden grundverschiedenen Gewürze haben aber rein gar nichts miteinander zu tun. Weder beim Geschmack oder dem Aroma noch bei der Herstellung oder dem Preis gibt es Parallelen. Allerdings muss ich gestehen, dass auch ich Kurkuma schon zum Färben benutzt habe, und zwar bei der Ausstattung und Einrichtung unseres ersten Gewürzamtes. Mein Vater, der den Anstrich der Räume erledigte, war von meinem Anliegen nicht sehr begeistert, die Innendispersion mit Kurkuma einzufärben. Denn die erwartete gelbe Farbe stellte sich keinesfalls ein, sondern ging in einen angenehm rötlich-orangefarbenen Ton über. Da ich mit Überraschungen denkbar gut leben kann, freute ich mich sehr über unsere mit Kurkumapulver eingefärbten Wände. Und außerdem heiligt der Zweck bekanntlich die Mittel.

Das war jedoch die einzige Verwendung außerhalb der Küche. Kurkumapulver mag ich immer wieder in Hülsenfrüchten oder Reiszubereitungen.

Ein Tipp noch zu guter Letzt: Gelbe Kurkumaflecken sind auf Textilien recht unangenehm zu entfernen. Kein Wasser verwenden, sondern reinen Alkohol. Der entzieht die Farbstoffe bzw. zerstört sie, wogegen Wasser sie noch weiter ins Gewebe trägt. Und ein allerletzter Tipp: Seien Sie fair zum Kurkuma. Verwenden Sie ihn als das, was er ist, und nicht als Ersatz für Safran. Das hat weder das eine noch das andere Gewürz verdient.

Kommentar von J. Dollase: Diese Kombination hat eine enorme Vielfalt, zu der man sehr viel sagen könnte. Im Mittelpunkt steht hier das wunderbar komponierte Linsendal, eine Gemüsezubereitung von einer geradezu hinreißenden Würze. Der aromatisierte Joghurt hat in diesem Fall die Funktion, den Fisch von außen zu würzen, ohne ihn mit größeren Mengen Fett zu behandeln. Gewürze und Yoghurt wiederum sind eine klassische (vorder-)asiatische Kombination. Den europäischen Anteil liefern die frittierten Wintergemüse, die nicht nur für Textur sorgen, sondern auch für den Nachhall. Man beginnt mit den unterschiedlich schnell schmelzenden Elementen (wozu im Prinzip auch der Fisch gehört), die Gewürze ziehen vorbei, und am Ende hat man ein deutliches Aroma von dem jeweiligen frittierten Gemüse. Auch der Hinweis, noch etwas Gewürz auf den Tellerrand zu streuen, sollte unbedingt beachtet werden: über den Duft wird die Wahrnehmung des restlichen Essens deutlich beeinflusst. Nase und Mund melden quasi gleichzeitig ihre Empfindungen, und im Gehirn werden sie zu unserem kompletten Geschmackseindruck zusammengefügt. Vielleicht nehmen Sie noch ein Schälchen eiskalten Joghurt zusätzlich dazu, etwas Kälte im Mund würde ebenfalls noch einmal überraschende Wirkungen erzielen …

Für 4 Personen

Kabeljau in Tandoori-Joghurt

geschmort, auf Linsendal und frittiertem Wintergemüse

Kabeljau

1 Kabeljaufilet (500 g, vom großen Fisch, › Angelware)
Natursalz
weißer Pfeffer aus der Mühle
Mehl
20 g Pflanzenöl
150 g Naturjoghurt (10 % Fett)
1 EL Zitronensaft
2 TL Tandoori Masala (gemahlene trockene Ware)

Wintergemüse

4 große dunkelgrüne Rosenkohl
1 kleine Karotte
½ Sellerieknolle
1 kleine Stange Lauch
500 ml Pflanzenöl
1 Hand voll Chilifäden
Natursalz

Linsendal

250 ml Brühe
75 g kleine Linsen (Le Puy)
1 kleine gehackte Zwiebel
3 ganze Gewürznelken
3 ganze Zimtblüten
6 im Mörser zerriebene › Kardamomsamen
2 Msp. gemahlener Kreuzkümmel
2 TL gemahlener Kurkuma
Natursalz
20 g Butter
1 große fein gehackte Knoblauchzehe
1 EL fein gehackter Blattkoriander
1 EL Zitronensaft

Kabeljau in dicke Tranchen schneiden. Die Stücke zum Schwanz hin werden dünner: notfalls übereinander legen, sodass gleichmäßig starke Stücke entstehen, was für den Garpunkt sehr wichtig ist. Salzen, pfeffern und mehlieren. Im Öl nur kurz anbraten, sodass sich die Poren schließen und wenig Röstaromen entstehen. Aus der Pfanne nehmen. Joghurt mit Salz, Zitronensaft und Tandoori Masala nicht zu mild abschmecken. Den Joghurt in eine Pfanne geben und aufkochen. Dabei gerinnt er leicht, was aber gewollt ist. Den Kabeljau einlegen und bei geringer Hitze unter ständigem Übergießen glasig garen.

Den Rosenkohl putzen und die Blätter abzupfen. Nur die schönsten grünen Blätter verwenden. Karotte schälen und schräg in etwa 2 mm starke Scheibchen schneiden. Sellerie und Lauch ebenfalls in 2 mm starke Streifen schneiden. Das Öl auf etwa 180 °C erhitzen. Die Gemüse Sorte für Sorte einzeln nicht zu dunkel ausbacken, herausnehmen und auf Küchenkrepp abtropfen lassen. Chilifäden maximal 2 Sekunden frittieren, weil sie sonst bitter werden. Alles salzen.

In einem Topf die Brühe mit nicht eingeweichten Linsen, Zwiebeln, Gewürzen und Salz zum Kochen bringen. Nach 10–12 Minuten, wenn die Linsen noch einen ganz kleinen Biss haben, vom Feuer nehmen. Butter schmelzen und gehackten Knoblauch zugeben. So lange auf dem Feuer lassen, bis Butter und Knoblauch gleichmäßig braun sind. Den Koriander zugeben und die sofort aufschäumende Butter in die Linsen einrühren. Mit Zitronensaft abschmecken. Zimtblüten und Nelken herausnehmen und den Topf abdecken.

Den Linsendal nochmals erhitzen. Den Fisch darauf setzen und die frittierten Gemüse darüber geben. Sie sind keinesfalls nur Garnitur, sondern erhöhen den haptischen Reiz ungemein. Um den Duft des Gerichtes noch zu verbessern, etwas Tandoori Masala auf den Tellerrand streuen.

Lavendel

Noch eine Ingredienz, die ich eigentlich nicht als Gewürz bezeichnen würde. Dennoch hat die Faszination, mit den stark duftenden Blüten des Lippenblütengewächses zu parfümieren und zu würzen, in meiner Küche an Bedeutung eher zugenommen. Es gibt unzählige Sorten von Blüten, die der Laie als Lavendel bezeichnen würde, der Kenner jedoch nicht. Für ihn zählt nur der echte Lavendel. Speiklavendel und – wie der Franzose sagt – Lavandin (eine Kreuzung aus Speik- und echtem Lavendel) haben keinerlei Recht auf einen angemessenen Platz in meiner Speisenkarte. Obwohl der tiefblaue Lavendel wesentlich attraktiver aussieht, muss ich immer wieder feststellen, dass die kleinen, unscheinbaren Blüten mit ihrem blassen, gelegentlich leicht grünstichigen Bleu am intensivsten mit differenziertem Bukett und Geschmack versehen sind. Der zurück geschnittene Lavendelstock ähnelt vom Blatt her dem einiger Rosmarinsorten. Auch der Duft ist dem von Rosmarin verwandt, was die Kombination zum Beispiel mit einem Lamm oder Geflügelgericht erleichtert.
Um Ihre eigene Kreativität in Bezug auf Lavendel zu aktivieren, empfehle ich einen Spaziergang durch die Lavendelfelder unweit der Abbaye de Sénanque unterhalb von Gordes.
Ein staubiger Weg führt dorthin, im Sommer erschwert durch die trockene Hitze. Aber der Blick auf dieses imposante Steingebäude, das wie von riesigen, duftenden und durch die Sonne noch blauer erscheinenden Girlanden von Lavendel eingerahmt ist, lohnt die Mühe, und Sie werden genauso emsig nach dem Nektar Ausschau halten wie die Bienen, die jetzt Überstunden machen, um den Grundstoff für den fast berauschenden Lavendelhonig dieser Region herbeizuschaffen. Dann sind auch Sie reif für Lavendel im Überfluss: Lavendelsträuße für die Gartenlaube, Lavendelblüten fürs Schlafkissen, Lavendelhonig für die Croissants und Lavendelbonbons für die Lieben zuhause. Ergeben Sie sich der Gewalt des Lavendels. Für mich ist es der schönste Duft der Welt, denn er erinnert mich an Urlaub, Sonne, gutes Essen und einsame Wege.
Ich verwende Lavendel gerne zu Wildjus oder zu einem Lavendelhonig-Eis zusammen mit Baumkuchen, in Konfitüren, wie unserer Aprikosenkonfitüre mit Mandeln und Lavendel, oder unserem selbst angesetzten Lavendelöl, das ich anstelle einer schweren Sauce gerne zu Desserts einsetze.
Lavendel sollte sehr niedrig dosiert werden, da er leicht aufdringlich wirken und die anderen Köstlichkeiten auf dem Teller zur Nebensache verdammen kann.

Kommentar von J. Dollase: Rezepte mit Reh sind sich leider heutzutage viel zu ähnlich geworden. Es gibt wohl kaum ein Produkt, über das so wenig nachgedacht wird, obwohl es sich eigentlich für eine vielfältige Verwendung durchaus gut eignet. Ein Grund für die häufige Kombination mit süßen Elementen wie Preiselbeerkompott oder süß konfierten Äpfeln oder Birnen liegt vermutlich in der „Angst", die manche Leute schon dann überkommt, wenn sie auch nur an Wildgeschmack denken. Also übertüncht man ihn eben mit süßen Zutaten. Ingo Holland geht hier einen ganz anderen Weg, der eine sehr milde Süße mit kräftigen, erdnahen Aromen wie dem Knoblauch und den Bohnen verbindet. Die Bohnen sollten unbedingt noch etwas Biss haben, weil sie nur so ihr natürliches Aroma bewahren. Beim Ziehenlassen der Lavendelzweige empfehle ich Vorsicht. Lavendel gibt sehr schnell sehr viel Aroma ab. Auch hier gibt es eine Art „à point"-Infusion: wenn man so gerade merkt, dass die Sauce nach Lavendel schmeckt, ist es genug.

Für 4 Personen

Rehbockmedaillons

mit karamellisiertem Knoblauch, Bohnenstreifen und Lavendeljus

Rehbockmedaillons

12	Rehrückenmedaillons (à 40 g)
	Salz
	grob gemahlener schwarzer Pfeffer
2 EL	Pflanzenöl
30 g	Butter

Die Rehmedaillons beidseitig salzen und pfeffern. In nicht zu heißem Öl auf beiden Seiten anbraten und ruhen lassen. Kurz vor dem Anrichten in Butter rosa braten.

Knoblauch

20	mittelgroße Knoblauchzehen
	Salz
125 ml	Milch
150 g	Zucker
0,1 l	weißer Balsamessig

Knoblauch zweimal in Salzwasser aufkochen und abschütten, einmal in Milch aufkochen und mit kaltem Wasser abspülen. Zucker karamellisieren und mit Essig ablöschen. So lange kochen lassen, bis sich die Karamellstückchen aufgelöst haben. Den Knoblauch zugeben und etwa 10 Minuten langsam schmoren.

Lavendeljus

125 ml	kräftiger trockener Rotwein
125 ml	roter Portwein
500 ml	brauner Rehfond
6–8	Lavendelzweige mit Blüte
etwas	Maisstärke
etwas	Balsamessig
	Salz

Rot- und Portwein bis auf einen kleinen Rest einkochen. Mit Rehfond auffüllen und auf die Hälfte reduzieren. Lavendelzweige zugeben und ziehen lassen. Den Jus mit in etwas Rotwein angerührter Stärke leicht abbinden, mit Balsamessig und Salz abschmecken und passieren.

Bohnenstreifen

300 g	breite grüne Bohnen
	Salz
1 EL	gehackte Schalotten
30 g	Butter
100 ml	Fleischbrühe
1	Zweig Bohnenkraut

Die Bohnen von den Fäden befreien und schräg in Streifen schneiden. In reichlich Salzwasser knackig blanchieren, in Eiswasser abschrecken und abtropfen lassen. Die blanchierten Bohnen glacieren: Gehackte Schalotten in Butter anschwitzen, Bohnenstreifen, Brühe und Bohnenkraut dazugeben und kurz köcheln lassen, bis die Bohnen heiß sind und schön glänzen.

Anrichten

	getrocknete Lavendelblüten

Die Rehmedaillons auf den Bohnen anrichten. Mit der Sauce nappieren, mit dem karamellisierten Knoblauch vollenden und die Lavendelblüten je nach Geschmack darüber streuen. Dazu serviert man am besten Kartoffelgnocchi.

Lorbeerblatt

Der echte Lorbeer ist ein immergrünes Strauch- oder Laubgewächs mit ledrigen, oben glänzenden, aromatisch duftenden Blättern. Die kleinen grüngelben Blütendolden bringen glänzende, blauschwarze Beeren hervor.

Lorbeer ist eines der bekanntesten und meist gebrauchten Gewürze in Deutschland, das in jeder Küche, in der nicht ausschließlich Fertiggerichte aufgetischt werden, seinen Platz in einem Döschen oder Päckchen hat. Auch Nicht-Gourmets und solchen Menschen, die im Kochen nicht unbedingt einen erholsamen Ausgleich zum täglichen Stress sehen, ist Lorbeer durchaus bekannt. Und wenn es nur der Lorbeerkranz ist, mit dem nach römischem Brauch die Triumphatoren und der Kaiser bekränzt wurden. Dieser Lorbeerkranz fand sich auch bei den Siegern der Olympischen Spiele wieder, ursprünglich war er allerdings ein Olivenkranz.

Die grünen Blätter verarbeite ich liebend gerne nicht nur getrocknet, sondern auch frisch. Nicht nur für meine Spaghettini, sondern auch zum Braten von St. Pierre oder anderen leckeren Fischen. Dafür verwende ich junge, relativ frisch ausgetriebene Lorbeerblättchen, die man sogar mitessen kann. In Fischfilet kann man kleine Schlitze schneiden, in die man frischen Lorbeer steckt und zusammen mit dem Fisch brät. Ansonsten setzt man Lorbeer äußerst vielfältig ein zum Würzen von Sauerkraut, Rotkohl und dunklen Saucen, wie sie schon meine Großmutter kochte und meine Mutter es noch heute tut: Da wird das Lorbeerblatt an der Spickzwiebel mit Nelken festgesteckt und veredelt Brühen, Frikassees oder ein Gratin dauphinois.

Ein Nebenprodukt, könnte man sagen, bei der Ernte der Lorbeerblätter ist die Lorbeerfrucht oder -kirsche. Sie hat ein wesentlich stärkeres, komplexes Aroma, das durch den sehr hohen Anteil von ätherischen Ölen geprägt wird. Deshalb wird die Frucht auch häufig gepresst, um das Öl zu gewinnen, das in der Parfüm-Industrie und als Heilmittel bei Prellungen, Verstauchungen und rheumatischen Beschwerden verwendet wird. Allerdings hat die hohe Konzentration an Fetten und Ölen in der Lorbeerfrucht auch einen Nachteil: Sie wird schnell ranzig. Was mich dazu veranlasst hat, damit nicht mehr zu arbeiten und zu experimentieren.

Der echte Lorbeer kann, in großen Mengen genossen, zu Trancezuständen und Bewusstseinsstörungen führen. Diese Gefahr besteht jedoch bei einem noch so gut mit Lorbeer gewürzten Sauerkraut nicht.

Lorbeerblätter
Inhalt:
10 Gramm

Kommentar von J. Dollase: Selbstverständlich kann man auch ein scheinbar einfaches Gericht wie dieses zu einer erheblichen Qualität bringen. Voraussetzung ist hier die präzise Vorgarung des Hummers. Wird der Hummer zu fest, kann er kaum noch Aromen aufnehmen. Ist er aber nur knapp vorgegart, kann er in der vielfältigen Gemüsesauce noch ein sehr schönes, frisches Aroma aufnehmen. Es wäre sogar einen Versuch wert, die Hummerstücke nur in den Gemüsestückchen zu aromatisieren und sie dann noch einmal zu entnehmen. Was die Nudeln angeht, sollte man sich ebenfalls nicht mit Supermarktware zufrieden geben. Erst eine sehr gute Qualität von Nudeln mit Hartweizengrieß entwickelt ein echtes Pasta-Feeling. Die Al-Dente-Garung hat natürlich einen klaren kulinarischen Nutzen: gart man die Nudeln zu weich, nehmen sie einfach zuviel Wasser auf. Dafür schmeckt dann das Garwasser nach Nudeln …

Für 4 Personen

Spaghettini

mit Wurzelgemüse, Hummer, Chilis und frischem Lorbeer

Hummer

1	kanadischer Hummer (500–600 g)

Mindestens 2 l Wasser zum Kochen bringen. Den lebenden Hummer in sprudelnd kochendes Wasser werfen und maximal 90 Sekunden kochen. Der Hummer darf keinesfalls gegart sein, nur das Eiweiß soll stocken. Herausnehmen und sofort für 3–4 Minuten in eiskaltes Wasser legen, damit er nicht weiter gart. Die Scheren abtrennen und den Schwanz aus dem Körper herausziehen. Das Fleisch komplett ausbrechen, in grobe Würfel schneiden und an einem kühlen Ort beiseite stellen.

Spaghettini

1	Lauchstange
1	Karotte
¼	nicht zu große Sellerieknolle
1	rote Paprika
3	fein gehackte Knoblauchzehen
3	fein gehackte Schalotten
1–2	Thai-Chilischoten (nach Geschmack)
40 ml	Olivenöl
1 EL	Tomatenmark
100 ml	leichte Fleisch- oder Gemüsebrühe
200 ml	flüssige Sahne
	Natursalz
	weißer Pfeffer aus der Mühle
3	frische, fein gehackte Lorbeerblätter
250 g	Spaghettini (No. 7)
1 EL	geschlagene Sahne
1 EL	gehackte Blattpetersilie

Die Lauchstange der Länge nach halbieren, sehr gut waschen und in Rauten schneiden. Karotte und Sellerie sorgfältig schälen und ebenfalls in Rauten schneiden. Die Paprikaschote ebenfalls sorgfältig schälen und halbieren. Kerne und weiße Häutchen entfernen und in Rauten schneiden. Knoblauch, Schalotten und gehackte Chili in Olivenöl anschwitzen. Die Gemüserauten zugeben und 2 Minuten mitbraten, damit das Gemüse sein Aroma entwickelt. Tomatenmark zugeben und anschwitzen. Mit der Brühe ablöschen und etwa 5 Minuten kochen lassen. Die flüssige Sahne 1 Minute mitkochen, salzen, pfeffern und mit gehacktem Lorbeer bestreuen.
Die Spaghettini in Salzwasser sehr al dente garen, abschütten und abtropfen lassen. Sofort in die Gemüsecreme geben, gut vermischen und 2 Minuten kochen lassen. Die Hummerwürfel untermengen und darin erwärmen, aber nicht mehr kochen lassen. Schlagsahne und Petersilie unterschwenken und auf tiefen Tellern servieren.

Macis oder Muskatblüte

Der bekannte, landläufige Name ist Muskatblüte, ein Begriff, mit dem Sie sicher mehr anfangen können. Aber da das Macis mit einer Blüte nicht im Geringsten etwas zu tun hat, vermeide ich diese Bezeichnung tunlichst.

Vom Aufbau her erinnert eine Muskatfrucht sehr an eine Walnuss, wobei man sagen muss, dass die Muskatnuss keine Nuss, sondern der innere Kern einer pfirsichartigen Frucht ist. Das Fruchtfleisch der Muskatfrucht umschließt eine holzige, glänzende und harte Schale. Diese Schale wiederum ist umgeben von einem glänzenden, purpurfarbenen und grobmaschigen Netz. Dem Macis nämlich. Wenn man diese Hülle entfernt, hat man nur die tiefbraune Schale der Kapsel vor sich. Und wenn man die mit einem harten Gegenstand vorsichtig aufschlägt, hat man die eigentliche Muskatnuss. Während die Muskatnüsse nach Größen sortiert werden, muss der Teil der Muskatfrucht, den ich nicht Muskatblüte nennen mag, sehr schnell getrocknet werden, um die Bildung von Aflatoxin, einem der giftigsten Schimmelpilze, zu unterbinden.

Zwei Möglichkeiten gibt es: Zum einen die so genannte Sonnentrocknung, die bei der Kraft der Sonne in den Anbauländern auch sehr gut funktioniert. Zum anderen die Schattentrocknung, in der die Hitze, aber nicht die ultraviolette Strahlung der Sonne mit einbezogen wird. Der Vorteil bei diesem Verfahren ist, dass das Macis seine leuchtend rote, kraftvolle Farbe beibehält – ein faszinierender Farbton. Die Muskatnuss wird ebenso getrocknet, wobei es bei ihr nicht um die Farbe, sonder um einen sauberen Ablauf geht. Muskatnuss ist ein gut zu bevorratendes Gewürz, mit einer relativ hohen Haltbarkeitsdauer. Das kann man vom Macis so nicht behaupten. Die darin enthaltenen Öle neigen relativ schnell dazu, ranzige Aromen zu bilden. Deswegen empfiehlt sich lediglich eine kleine Bevorratung.

Beides, Muskatnuss wie Macis, sollte nicht gemahlen erworben werden. Zum einen wegen der enormen Flüchtigkeit der Aromen, besonders beim Macis. Zum anderen weil die Gefahr besteht, dass gebrochene oder verwurmte Nüsse, die eigentlich nur zur Herstellung von Muskatöl genutzt werden dürfen, in das Pulver gelangen. Von Zeit zu Zeit finden sich aber immer wieder solche gemahlenen Qualitäten im Handel. Deshalb sollte man ausschließlich ganze Nüsse kaufen.

Das Macis hat zwei verschiedene Herkünfte mit völlig unterschiedlichen Aromenkonzentrationen. Das Macis aus Indonesien oder aus Papua-Neuguinea zeigt ein wesentlich gröberes Geflecht, ist kraftvoll, laut und rund in seinen öligen Muskatnoten und eignet sich somit am besten für Gewürzmischungen. Die Farbe ist etwas rötlicher. Das Macis aus Grenada, Westindien, hingegen präsentiert sich optisch, geschmacklich und vom Duft her subtil, elegant und äußerst fein. Es ist orangerot und hat ein sehr feingliedriges Geflecht. Dieses Macis verwenden wir in unserer Küche für Kartoffelgerichte, Desserts, Kuchen und Gebäck.

Kommentar von J. Dollase:
Die Muskatblüte gehört zu den am meisten unterschätzten Gewürzen. Das mag daran liegen, dass wir nur das Bild einer Muskatreibe im Kopf haben und eigentlich immer zuviel Muskat mitbekommen. Die Blüten entfalten sich erst richtig in so genannten Infusionen, bei denen sie ihr Aroma an eine Flüssigkeit abgeben. Der Vorteil bei diesen Infusionen ist normalerweise, dass man immer wieder die Flüssigkeit abschmecken und so das Ausmaß der Aromatisierung kontrollieren kann. In diesem Rezept braucht man sich darüber aber nicht den Kopf zu zerbrechen, weil durch die Zeit für das Aufkochen der Milch und das Abkühlen der Zeitrahmen bestimmt wird. Der klassische Cannelé aus dem Bordelais wird mit Vanille gemacht, dies ist also eine Variante. Obwohl es sich hier um eine Dessert-Kleinigkeit handelt, sollte man berücksichtigen, dass durch den Rum daraus schnell eine exquisite Spezialität werden kann. „Alter Rum" kann geradezu unbegrenzte Qualitäten (und Preise) haben. Wenn man einen extremen Luxus-Rum besitzt, empfiehlt es sich, für den einen oder anderen Bissen (nicht für jeden, sonst verändern Sie die Komposition) ganz am Schluss noch ein frisches Tröpfchen auf den Cannelé zu geben.

Für 4 Personen

Cannelés Bordelais
mit Muskatblüte

Cannelés Bordelais

1 l	Milch
½ TL	gemahlene Muskatblüte
100 g	Butter
200 g	Mehl
500 g	Puderzucker
200 g	Eier (ca. 4 Eier)
80 g	Eigelbe (ca. 3 Eigelbe)
100 ml	alter Rum

Die Milch mit der Muskatblüte zum Kochen bringen. Die Butter hinzugeben und abkühlen lassen.

Das Mehl mit dem Puderzucker vermischen, Eier und Eigelb hinzufügen und alles miteinander verrühren. Die erkaltete Milch und zum Schluss den Rum zufügen und sehr gut glatt rühren. Im Kühlschrank mindestens 48 Stunden ruhen lassen.

Cannelés-Förmchen bis auf 5 mm unter dem Rand damit füllen. Im Ofen bei 200 °C etwa 50 Minuten backen. Stürzen, herausnehmen und etwas auskühlen lassen.

Muskatnuss

Die Muskatnuss ist eines der ältesten Gewürze, die wir in Europa kennen. Schon mit den Kreuzfahrern kamen die ersten Nüsse nach Europa. Ab dem 13. Jahrhundert war sie bei uns zu finden, wenn auch recht selten. Erst durch die Vermutung, dass die Muskatnuss ein Allheilmittel gegen schier jede Krankheit sei, zum Beispiel auch gegen die tödliche Pest, stieg das Interesse daran – und somit der Preis.

In Städten wie London beispielsweise entstanden regelrechte Kämpfe auf Leben und Tod, um in den Besitz der irrwitzig teuren Muskatnüsse zu gelangen. So wurden Schiffsexpeditionen ausgerichtet mit teilweise drei bis vier Schiffen und Hunderten von Matrosen, um dieses und andere Gewürze in erster Linie von den Banda-Inseln zu holen. Piraten, Freibeuter, Krankheiten wie Ruhr und Skorbut, Stürme und gefährliche Untiefen im Meer setzten Menschen und Material so zu, dass häufig nur ein Schiff mit kleiner Mannschaft zurückkehrte. Trotz der riesigen Verluste brachten diese Expeditionen immer einen finanziell hohen Gewinn.

Die holländische Ostindien-Gesellschaft kontrollierte viele Jahre lang den Welthandel und die Preise für die Muskatnuss, die fast schon wie eine internationale Währung war. Erst im 18. Jahrhundert, als die Franzosen eigene Anlagen zum Anbau schufen, zerbröckelte der Preis und somit auch die holländische Vorherrschaft.

Schon sehr früh kam die Muskatnuss in den Ruf, ein Aphrodisiakum zu sein, was wohl darauf zurückzuführen ist, dass der in der Nuss enthaltene Wirkstoff Myristicin ein Halluzinogen ist. Auch heute wird sie noch, meist in Asien, als Aphrodisiakum und Rauschmittel benutzt. In den Dosen, wie wir (oder Sie) die Muskatnuss in die Speisen reiben, wird der Rausch höchstens durch den Wein entstehen, den Sie dazu genießen.

Ein Kartoffelpüree, Rosenkohl, Kohlrabi und Wirsing würde ich keinem meiner Gäste ohne ein paar Krümel Muskat zumuten. Auch zu Weißkraut und anderen Kohlsorten macht sich das warme, ölige Aroma sehr gut.

Wie Sie wissen, bin ich nicht nur ein passionierter Esser, sondern ein Genießer im Allgemeinen. Dazu gehört für mich auch die Pflege der Cocktailkultur und die Herstellung des einen oder anderen Cocktails. Einige Cocktails auf Rumbasis, wie zum Beispiel ein Planters Punch oder ein Rum Egg Nogg, bekommen durch die frisch darüber geriebene Muskatnuss eine völlig andere, aber aufregende Aromatik.

Auch Kuchen und Eis, wie Rahmeis von der Muskatnuss beispielsweise, gewinnen durch den gezielten Einsatz dieses Gewürzes.

In Thailand wird zur Herstellung von Thaicurrypaste Macis und Muskatnuss verwandt. Für diverse Mischungen unseres Gewürzamtes werden auch einige Kilogramm im Jahr gemahlen. Ein Tipp für Sie, der eigentlich nichts mit dem kulinarischen Genuss der Muskatnuss zu tun hat: Sollten sie einen Mörser zu Hause haben, geben sie einer Muskatnuss einen Schlag mit dem Stößel, sodass sie in zwei, drei Teile zerbricht. Das Netz der Farben und Konturen, das dadurch sichtbar wird, gehört mit zu den schönsten und faszinierendsten Bildern, die ich je gesehen habe. Außerdem ist der Geruch einer so geöffneten Nuss noch einmal ein anderer als der einer angeriebenen.

*Kommentar von J. Dollase:
Es ist schon fast ein Stilmittel von Ingo Holland, dass er ungewöhnliche Kombinationen souverän zu einer geradezu „mehrheitsfähigen“ Qualität zusammenführt. Dazu braucht man allerdings eine gute Übersicht, die in diesem Fall dazu geführt hat, dass eben nicht die typisch vollreife Banane benutzt wird, sondern eine deutlich frischere, die verhindert, dass dieses Dessert im Zucker versinkt. Es ergibt sich eine klassische Grundlage im Sinne mancher französischer Meisterdesserts und ein feines Aromenspiel.*

Für 4 Personen

Tarte von Pinienkernen

und grünen Bananen mit Sesamkaramell und Muskatnusseis

Crème Pâtissier

250 ml	ungezuckerte Kokosmilch
3	Eigelbe
20 g	Maisstärke
60 g	Muscovado-Zucker
1	ausgekratzte Neu-Guinea-› Vanillestange

20 Prozent der Kokosmilch mit den Eigelben und der Stärke glatt rühren. Den Rest mit Muscovado-Zucker und Vanillemark aufkochen. Das Milch-Stärke-Gemisch einrühren und gut durchkochen. Vom Feuer nehmen und die Creme direkt mit Pergamentpapier bedecken, damit sie keine Haut zieht. Gut auskühlen lassen.

Tarte

50 g	Mehl
100 g	Butter
70 g	geröstete und gemahlene Pinienkerne
50 g	Biskuitbrösel
50 g	möglichst dunkler Rohrzucker
2 Msp.	gemahlene Vanille
2 Msp.	grobes Meersalz
1	Eigelb
2	grüne Bananen
	Staubzucker

Aus Mehl, Butter, gemahlenen Pinienkernen, Bröseln, Zucker, Vanille, Salz und Eigelb einen Teig kneten. In Folie einschlagen und 2 Stunden kalt stellen. Mit einem Rollholz etwa 3 mm stark ausrollen. In vier etwa 4 cm breite und 12 cm lange Streifen schneiden und bei 200 °C hellbraun backen (3–5 Minuten). Mit einem Spritzbeutel jeweils 1 cm starke und 10 cm lange Streifen der Creme aufspritzen. Die grünen Bananen schälen, in 1 cm dicke Scheiben schneiden, auf die Creme setzen und ein wenig andrücken. Kräftig mit Staubzucker abpudern und bei 200 °C nochmals 8 Minuten braun und knusprig backen.

Muskatnusseis

500 ml	Sahne
100 g	heller Rohrzucker
3	Muskatnüsse
6	Eigelbe

80 Prozent der Sahne, Zucker und sehr grob gestoßene Muskatnüsse aufwallen und etwa 8 Minuten ziehen lassen. Den Rest der Sahne mit den Eigelben verquirlen und in die kochende Sahne einrühren, bis die Masse leicht bindet. Sofort von der Flamme nehmen und durch ein Haarsieb passieren. Noch heiß in der Eismaschine zu Eiscreme gefrieren. Aus der Maschine nehmen und in einer Schüssel im Tiefkühler bis zum Genuss aufbewahren.

Sesamkaramell

80 g	Rohrzucker
100 ml	Wasser
25 g	geschälte, geröstete Sesamsaat
40 g	Butter
	Zitronensaft

Den Zucker schmelzen, karamellisieren lassen und mit Wasser ablöschen. Den Sesam und die Butter zugeben und zu einem glänzenden Sirup einkochen. Mit Zitronensaft abschmecken.

Anrichten

Die Tarte, sobald sie aus dem Ofen kommt, mit diesem Karamell nappieren und sofort mit je einer Eiskugel servieren.

Neuguinea-Vanille

Diese nicht sehr bekannte Vanilleart ist mir trotzdem wichtig genug, um ihr einen eigenen Text zu widmen. Meist wird sie als Bourbon-Vanille (mit)gehandelt und nur erwähnt, dass es eine Qualität aus Papua-Neuguinea ist, oder einfach mit dem Kürzel PNG versehen. Das finde ich absolut falsch, weil es weder der klassischen Bourbon-Vanille noch der Neuguinea-Vanille gerecht wird.
Zur Erklärung: Die Vanille aus dieser Region ist eine so genannte Hybridvanille, eine Kreuzung aus vanilla tahitiensis und vanilla planifolia. Diese Kreuzung gibt der Stange ein ganz eigenes Aroma. Um es gleich klarzustellen: auch diese Vanille gehört zum Kreis meiner Lieben. Ich verwende sie sehr gerne, weil sie – das ist meine ganz persönliche Definition – die subtilen Aromen von Minze und etwas Kümmel mit den typischen Düften einer Bourbon-Vanille und dem kraftvollen Odeur der Tahiti-Vanille nach Früchten, Blüten und Tabak vermählt. Welch ein Aroma! Eben ganz anders als die zarten, klaren Aromen einer planifolia, und kein Vergleich mit der dominanten Frucht der Tahiti-Vanille. Zum Konfitüre Kochen verwende ich sie sehr gerne, weil sie fruchtig und kräuterig ist – zum Beispiel für eine Birnenkonfitüre, oder auch in heißen Schokoladen. Vanille im Allgemeinen lässt sich hervorragend mit Schokolade und Kakao kombinieren, wie die Geschichte zeigt: Die Atzteken vermischten Wasser mit Kakao, Chili und Vanille. Ein wahrscheinlich schreckliches, zuckerfreies Getränk mit vielen Bitterstoffen, das aber ungewöhnlich Kraft spendend gewesen sein soll. Aus Xocoatl oder Kakuatl wurde Schokolade. Auch heute noch ist in jeder sehr guten Schokolade echte Bourbon-Vanille enthalten – allerdings etwas angenehmer als damals zu genießen.
Paprika und Karotten, Tomaten und Steinpilze und selbstverständlich alle Früchte, Gewürze wie Piment, Chili und vor allem schwarzer und roter Pfeffer, Zimt und Anis sowie Krustentiere aller Art schreien geradezu nach Vanille. Einen wahren Aroma- und Cholesterinschock kann man erleben, wenn man ein oder zwei Eigelbe mit Zucker und Vanille cremig schlägt und pur genießt. In der Karibik stellt man aus Rum, Rohrzucker und Vanille Liköre her. Die Vielfalt der Einsatzmöglichkeiten ist endlos.

*Kommentar von J. Dollase:
Das Rezept steht und fällt mit der Qualität der Trüffel und der sorgfältigen „Parfümierung“ der Jakobsmuscheln. Ich kann es mir eigentlich nur mit hervorragenden reifen Trüffeln vorstellen, so wie sie etwa im Februar und März zu bekommen sind. Diese Trüffel können natürlich eingemacht oder eingefroren sein. Wichtig ist vor allem die Reife, die erst den wirklich beeindruckenden Trüffelgeschmack ergibt. Während der Akkord Jakobsmuschel-Trüffel klassisch ist und auch der Akkord Vanille-Jakobsmuschel recht häufig eingesetzt wird, ist die Verbindung über die Steckrüben sehr ungewöhnlich. Die Lösung ist aber ganz einfach und logisch: die Steckrübe hat eine gewisse Süße und gewisse Erdaromen. Die Trüffel verbindet sich mit den Erdaromen, die Süße mit der Vanille. Zusammen ergibt sich eine Kreation, die beide Ideen weiterentwickelt.*

Für 4 Personen

Genagelte Jakobsmuscheln

mit Vaucluse-Trüffel auf Steckrübengemüse und Neuguinea-Vanille-Jus

Jakobsmuscheln

8 ausgelöste Jakobsmuscheln
› (à 30 g; unbedingt frisch)
1 frische Wintertrüffel
› Tuber melanosporum (25 g)
Natursalz
weißer Pfeffer aus der Mühle
Mehl
1 EL Pflanzenöl

Die Jakobsmuscheln möglichst schon am Vortag vorbereiten. Dafür den Trüffel in 1–1,5 cm lange, nicht zu spitze Stifte schneiden und mindestens je 4 davon in eine Jakobsmuschel drücken – ohne mit dem Messer zu arbeiten. Auf einen Teller legen, mit Folie abdecken und über Nacht im Kühlschrank aufbewahren. So können die Muscheln das ganze wundervolle Trüffelaroma aufnehmen.
Die Jakobsmuscheln mit Salz und Pfeffer würzen, in Mehl wälzen und im heißen Öl zuerst mit der „genagelten“ Seite nach oben anbraten und eine appetitliche Farbe annehmen lassen. Wenden und auf der anderen Seite zu Ende braten.

Steckrübengemüse

400 g Steckrüben
Natursalz
85 g Butter
weißer Pfeffer aus der Mühle

Die Steckrüben großzügig schälen und in 2 x 2 cm große Würfel schneiden. In Salzwasser gar kochen, abschütten und ausdampfen lassen. Die Butter in einem Töpfchen bräunen. Die noch heißen Steckrüben mit einem Kartoffelstampfer oder einer Speisegabel zu einem Tatar verarbeiten. Die heiße, schäumende Butter darüber gießen. Mit Salz und Pfeffer abschmecken und zugedeckt warm stellen.

Vanille-Jus

60 ml kräftiger Rotwein
50 ml roter Portwein
125 ml Geflügelfond (herzustellen wie der
› Taubenfond, siehe Seite 127,
› jedoch mit Poulardenkarkassen)
1 Neuguinea-Vanillestange
1 TL Maisstärke
Natursalz
Aceto Balsamico

50 ml Rotwein und Portwein so weit einkochen lassen, dass fast keine Flüssigkeit mehr vorhanden ist. Der Wein darf jedoch nicht karamellisieren. Den Geflügelfond darauf gießen. Die Vanillestange auskratzen und mit in den Fond geben. Auf die Hälfte reduzieren.
Die mit dem restlichen Rotwein angerührte Stärke in die kochende Flüssigkeit einrühren und kurz durchkochen. Mit Salz und Balsamico abschmecken. Die Vanillestange herausnehmen, der Länge nach vierteln und für die Garnitur beiseite legen.

Anrichten

4 Zweige Kerbel

Das Steckrübengemüse als Streifen auf dem Teller anrichten, die heißen Jakobsmuscheln darauf platzieren und mit etwas Jus nappieren. Mit den Vanillestücken und Kerbel dekorieren und servieren.

Nigella oder Schwarzkümmel

Der Name Nigella gefällt mir von allen anderen Bezeichnungen für dieses Gewürz – schwarze Zwiebelsaat oder Schwarzkümmel – am besten. Einfach weil er nichts Bestimmtes aussagt und dadurch auch nicht in die Irre führt. Denn mit Kümmel oder Zwiebel hat Nigella rein gar nichts zu tun.
Nigella ist kein ganz unbekanntes Gewürz. Jeder, der türkisch essen war, hat es schon verspeist, denn jede türkische Pide ist mit einer überschaubaren Menge Nigella bestreut. Oder sollte es zumindest sein. Immer mehr türkische Bäcker greifen der Einfachheit halber auf schwarzen oder weißen Sesam zurück. Was sehr schade ist. Denn Nigella, das im unbearbeiteten Zustand vom Duft her nicht viel mehr zu bieten hat als einen leicht öligen und harzigen Geruch, entwickelt, sobald es gemahlen oder einfach zerkaut wird, einen, wie ich meine, aufregenden Geschmack, der auch etwas harzig ist, aber an Kräuter wie Oregano erinnert sowie an weniger geläufige Geschmackskomponenten wie Graphit und Petrol, die man zum Beispiel auch bei manchen Thymiansorten findet.
Das letzte Nigellakorn, das ich aufbeiße, ist immer etwas Besonderes. Da die Saat so winzig ist, finde ich es oft Stunden später in meinem Mund, unter der Zunge zum Beispiel. Ich balanciere dieses Korn dann vorsichtig auf meine beiden Eckzähne links oder rechts, beiße es genüsslich auf und erlebe dann alle oben beschriebenen Aromen nacheinander. Das läuft fast ab wie ein Film. Dafür gibt es mehrere Gründe: zum einen ist der Mund nicht durch andere Speisen belastet, zum anderen ist das Nigella in der feuchten Mundhöhle etwas weicher geworden, sodass die Aromen wesentlich besser präsent sind. Das kann man übrigens auch mit anderen Gewürzen erleben. Probieren Sie's aus! Falls Sie mich nun für verrückt halten – macht nichts: wir Köche sind nun mal so.
Nigella kommt nicht nur in der Küche vielfach zum Einsatz; auch das Thema Gesundheit spielt eine ziemlich große Rolle: Es ist hilfreich bei Atemwegserkrankungen, Schlafstörungen, zur Senkung des Blutdrucks und zur Hemmung allergischer Prozesse. Nigellasamen, der meist aus Ägypten, Syrien und der Türkei kommt, wird im arabischen Raum schon lange zur Behandlung von an Asthma erkrankten Rennpferden angewandt.
Wir hingegen verwenden es gern in Chutneys, in Auberginenzubereitungen oder als Garnitur orientalischer Gerichte. In meinem Colonialwarenladen, dem Gewürzamt, mische ich Nigella in Panch Phoron, Berbere und in Raz el Hanout.
Als Tipp möchte ich verraten, dass Nigella gemörsert noch aufregender schmeckt als gemahlen.

Kommentar von J. Dollase:
In der französisch orientierten Spitzenküche ist so etwas wie ein Moussaka kaum möglich, weil man immer den puren Produktgeschmack (also hier: das Lammfleisch) in den Mittelpunkt stellt und jede starke Vermischung im Prinzip ablehnt. Diese Sehweise ist viel zu eng, was mit diesem Gericht deutlich bewiesen wird. Es zeigt ganz klar, welche komplexen Aromen entstehen können, wenn man einmal nicht nur aus dem Bauch heraus ein paar Zutaten zusammenwirft, sondern einen präzisen Mischgeschmack entwirft. Wichtig ist dabei, dass man beim Abschmecken darauf achtet, die Spannweite des Aromas auszuweiten, was hier mit den Chilis und der Zitrone, aber auch mit der Minze geschieht. Probieren Sie auch einmal die Verwendung von etwas feinen Minzestreifen ganz zum Abschluss – zusätzlich zu denen in der Sauce. Die Minze selber sollte eine eher feine Sorte mit einem etwas vielfältigeren und nicht zu penetranten Aroma sein. Im Gegensatz zum vergleichsweise süßen Kreuzkümmel ist der Schwarzkümmel (Nigella) übrigens eher herzhaft.

Moussaka vom Lamm

in der Aubergine mit Auberginen-Nigella-Kompott und Kartoffel-Minz-Jus

Moussaka

4	Auberginen (à 200 g)
	Natursalz
1 kg	grobes Meersalz
1 kg	ausgelöste Lammschulter
	weißer Pfeffer aus der Mühle
40 ml	Olivenöl
1	große fein gewürfelte Zwiebel
2	gequetschte Knoblauchzehen
400 ml	trockener Weißwein
1 TL	gemahlener Kreuzkümmel
3	Bird-Eye-Chilis
	Zitronensaft
1 TL	Schwarzkümmel (Nigella)
40 g	weiche Butter

Kompott

2	fein gehackte Schalotten
2	fein gehackte Knoblauchzehen
1 EL	Olivenöl
1 TL	Schwarzkümmel (Nigella)
50 ml	trockener Weißwein
	Natursalz
	schwarzer Pfeffer aus der Mühle
20 g	Butter
1 EL	gehackte Blattpetersilie
1	Spritzer Zitronensaft

Sauce

	Lammabschnitte
	› (von der Lammschulter)
400 g	Röstgemüse (50 % Zwiebel, 25 % Karotte, 25 % Sellerie)
1 EL	Tomatenmark
1	Knoblauchzehe
2 EL	Pflanzenöl
250 ml	trockener Rotwein
600 ml	Wasser
1	Zweig Thymian
1	Zweig Rosmarin
1	Lorbeerblatt
½ TL	schwarze Pfefferkörner
50 ml	roter Portwein
	Maisstärke
	Salz
	schwarzer Pfeffer aus der Mühle
1 EL	Balsamessig
100 g	geschälte fest kochende Kartoffeln
1	Strauchtomate
1 TL	frische fein gehackte Minze

Die Auberginen der Länge nach halbieren. Das Auberginenfleisch je 2 Mal über Kreuz einschneiden, ohne die Schale zu verletzen. Die Oberfläche leicht salzen. Ein Backblech mit dem Meersalz bestreuen. Die Auberginen auf das Backblech setzen und im vorgeheizten Backofen bei 180°C backen, bis die Oberfläche leicht gebräunt und das Auberginenfleisch weich und gar ist. Herausnehmen und abkühlen lassen.

Die Lammschulter parieren: Sehnen und Haut wegschneiden und die Fettschichten entfernen. In etwa 5 x 5 cm große Stücke schneiden. Die Abschnitte kühl stellen und aufbewahren. Das Fleisch salzen und pfeffern. Olivenöl in einem flachen Topf erhitzen und das Fleisch darin rundherum braun anbraten. Die gewürfelte Zwiebel und den Knoblauch dazugeben und glasig dünsten. Mit dem Weißwein ablöschen. Kreuzkümmel und Chili untermischen und zugedeckt bei kleiner Hitze etwa 40 Minuten gar schmoren. Sollte noch reichlich Fond vorhanden sein, den Deckel abnehmen, die Temperatur erhöhen und die Flüssigkeit verdampfen lassen. Wieder abdecken und auskühlen lassen. Aus den Auberginen mit einem Esslöffel das Fruchtfleisch so herauskratzen, dass die Haut unverletzt bleibt. Die Hälfte des Fruchtfleischs zu den Lammwürfeln geben und mit auskühlen lassen. Die andere Hälfte für das Kompott beiseite stellen.

Die Auberginenhaut vom Stielansatz befreien und die Haut in Klarsichtfolie einwickeln, damit sie nicht austrocknet. Über die gröbste Scheibe das Fleisch samt dem Auberginenfruchtfleisch durch den Fleischwolf drehen. Mit reichlich weißem Pfeffer, Zitronensaft und Schwarzkümmel abschmecken und zu einem glatten Teig verarbeiten. 4 Porzellan- oder Steingutförmchen (9–10 cm Durchmesser, 5–6 cm Höhe) mit der weichen Butter ausstreichen. Die Förmchen gewissenhaft mit der Auberginenhaut auskleiden, sodass Boden und Rand gut bedeckt sind. Den Fleischteig auf die Förmchen verteilen und etwa 4 cm hoch hineindrücken. Die überlappende Haut übereinander schlagen und eventuell zu lange Stücke abschneiden.

Einen flachen Topf 1 cm hoch mit heißem Wasser füllen und zum Kochen bringen. Die Förmchen hineinstellen und den Topf abdecken. Bei mittlerer Hitze in etwa 12 Minuten dämpfen. Schalotten und Knoblauch in Olivenöl glasig dünsten. Das restliche Auberginenfleisch (von der Moussaka) grob hacken und zugeben. Schwarzkümmel zugeben. Mit Weißwein ablöschen und mit Salz und Pfeffer gut abschmecken. Die Butter einrühren und so lange bei kleiner Hitze schmoren, bis eine homogene Masse entstanden ist. Die Petersilie unterrühren und mit Zitronensaft abschmecken.

Die Lammabschnitte in einer Pfanne mit hohem Rand in etwas Pflanzenöl gut braun anbraten. Überschüssiges Fett abgießen und das in 1 cm große Würfel geschnittene Röstgemüse mitbraten, bis es eine kräftige Farbe hat. Das Tomatenmark mitrösten. Dreimal mit je 50 ml Rotwein ablöschen und einkochen. Nach dem letzten Mal mit kaltem Wasser aufgießen, die Gewürze zugeben, kurz aufkochen und bei kleiner Hitze 2 Stunden köcheln lassen. In diesem Stadium nie Salz zugeben, da die Saucen sonst leicht versalzen werden können. Durch ein sehr feines Sieb oder ein waschmittelfreies Leintuch gießen und auf etwa 150 ml einkochen. 100 ml Rotwein und Portwein einkochen, bis keine Flüssigkeit mehr vorhanden ist. Mit der reduzierten Sauce auffüllen. Etwas Rotwein und Stärke verrühren und die Sauce damit binden. Mit Salz, Pfeffer und Balsamessig würzen. Die Kartoffeln in möglichst kleine Würfel schneiden und in Salzwasser fast gar kochen, abschütten und ausdampfen lassen. Die Tomate blanchieren, schälen, entkernen und würfeln. Kartoffeln, Tomate und Minze in die Sauce geben, aufkochen lassen und abschmecken. Das Kompott auf flachen Tellern anrichten. Die Förmchen darauf stürzen und mit der Sauce leicht überziehen.

Pimenton

Paprika- und Chilisorten gibt es reichlich auf der Welt, es müssen weit mehr als tausend verschiedene sein. Ob alle wirklich vonnöten sind, wollen wir mal dahingestellt sein lassen. Sicherlich findet sich für jede dieser zart-fruchtigen bis vernichtend scharfen Schoten ein Liebhaber.
Mit den getrockneten Schoten hat man ein Schärfe-Reservoir im Haus, mit dem man rasch einem langweiligen oder nicht ganz so aufregenden Gericht ein bisschen Pep geben kann. Das lässt sich auch noch wunderbar steuern, indem man vor dem Würzen die Schote öffnet und entkernt.
Getrocknete Chilispezialitäten gibt es nicht übermäßig viele. Am aufregendsten, finde ich, sind die geräucherten Chilisorten. Drei davon habe ich in meinem Programm und arbeite von Zeit zu Zeit auch sehr gerne damit.
Die in Europa bekannteste ist der Pimenton de la vera, der ausschließlich in der westspanischen Provinz Extremadura produziert wird. Die Schoten werden in einem langwierigen Prozess meist über Eichenholzglut getrocknet (und so – eigentlich als Nebeneffekt – mit einem kräftigen Raucharoma überzogen) und auf traditionelle Weise zwischen Mühlsteinen fein gemahlen. In Spanien wird das Pulver zum Würzen von Wurst (z.B. Chorizo) und Fleischwaren verwendet.
In Südamerika pflegt man mit den Chipotle einen ähnlichen Herstellungsprozess. Nur dass man hier die bekannte Chilisorte Jalapenos verwendet, und zwar überraschenderweise nicht nur in rotem, reifem Stadium, sondern auch in grüner Version, die, kombiniert mit dem Raucharoma, einen außergewöhnlichen Geschmack in so manches Gericht zaubert. Des Weiteren haben wir aus Frankreich einen Piment doux fumé, der, wie der Name schon sagt, nicht scharf ist. Jetzt ist die Zeit gekommen, dass ich mich oute: Ich liebe Pommes frites! Pommes frites und fast alles andere, was mit gebratenen und gebackenen Kartoffeln zu tun hat. Ich esse sie nicht oft, aber gerne. Deshalb nicht oft, weil man äußerst selten richtig gute serviert bekommt. Deswegen greife ich meist auf mein eigenes Können zurück und bereite sie aus frischen Kartoffeln. Am liebsten ist mir dann eine „Pomme pont neuf", eine so genannte Brückenpfeilerkartoffel, die dick, lang, außen knusprig und innen hervorragend nach mehliger Kartoffel schmeckt. Die wird dann eben nicht einfach nur mit Salz, sondern mit Fleur de sel und mit einer der drei Spezialitäten, am besten mit Pimenton de la vera picquante, gewürzt. Da könnte ich fast auf das Fleisch verzichten. Ebenso schmeckt es einfach anders und trotzdem gut, mal die Bratkartoffeln damit zu würzen oder Weißkraut. Oder im Weißkrautsalat anstelle von Rauch-Speck. Dann kann ihn auch der Vegetarier genießen.

Kommentar von J. Dollase:
Eine Suppe mit den Aromen des Baskenlandes, bei der man meint, in der Markthalle von Saint- Jean-de-Luz zu stehen. Man hat in den letzten Jahren die Chorizo in unserer Spitzenküche mehr oder weniger sinnvoll mit allen möglichen Produkten kombiniert und meist wenig von der Kraft ihres ursprünglichen Zusammenhanges durchblicken lassen. Das sieht bei Ingo Holland wesentlich authentischer aus, ist also ziemlich würzig und kräftig. „Niora" ist ebenfalls der Name einer Paprikaschote im weiteren Sinne (die Familie ist riesig und reicht von den scharfen Pimentos bis zu sehr milden Sorten). Da diese gemahlene Schote eine einigermaßen begrenzte Schärfe hat, kommt ihr originelles und sehr vielfältiges Aroma besser durch. Man sollte solche speziellen Gewürze vielleicht auch einmal isoliert probieren. Ich habe zum Beispiel sehr gute Erfahrungen mit der Kombination von leicht karamellisierten Lauchzwiebeln und Niora gemacht.

Für 4 Personen

Weißkrautsuppe
mit Pimenton und Chorizo-Chips

Weißkrautsuppe

350 g	Weißkraut
150 g	Gemüsezwiebel
30 g	Schweineschmalz
3	fein gehackte Knoblauchzehen
10 g	Pimenton de la vera
1 EL	Niora
1 l	kräftige Gemüsebrühe
2	große Thai-Chilischoten
	Natursalz

Weißkraut und Zwiebeln in feine Streifen schneiden. Das Schmalz in einem flachen Topf erhitzen. Knoblauch, Zwiebeln und Weißkraut darin glasig dünsten, ohne jedoch Farbe annehmen zu lassen. Mit Pimenton und Niora bestäuben und 1 weitere Minute schwitzen lassen. Mit der Brühe ablöschen.
Die beiden Thai-Chilischoten an der Seite aufschlitzen und die Kerne entfernen. Zu der leicht köchelnden Suppe geben. Die Suppe etwas salzen und bei kleiner Hitze 20 Minuten kochen. Herzhaft abschmecken. Die Suppe durch ein Sieb gießen und die Chilischoten aus dem Kraut nehmen.

Chorizo-Chips

500 ml	Frittierfett
120 g	Chorizo de Espelette (in feine › Scheiben schneiden lassen)
40 g	Weißkraut

In einem kleinen Topf das Frittierfett auf etwa 170 °C erhitzen. Nach und nach 20 Scheiben der Chorizo und das Weißkraut knusprig, aber nicht zu dunkel ausbacken und auf einem Küchenkrepp abtropfen lassen.

Anrichten

60 g	kalte Butter
12	etwa 5 cm lange Schnittlauchspitzen

Die restlichen Chorizoscheiben auf 4 tiefe Teller verteilen. Das Weißkraut als Häufchen in die Mitte drapieren. Die Suppe kurz aufkochen und mit einen Mixstab die kalte Butter untermixen. Nochmals abschmecken und in die Teller gießen. Die ausgebackenen Chorizoscheiben auf das Kraut setzen und mit Schnittlauchspitzen dekorieren.

Safran

„Backe, backe Kuchen – Safran macht den Kuchen gel." Dieses Klischee ist vielleicht mit daran schuld, dass Safran eines der am meisten gefälschten Gewürze überhaupt ist. Die Wirkung des Safrans wird auf seine Farbe reduziert, die dann nicht einmal mehr gelb, sondern tiefrot ist. Safran, richtig: Safran-Narben oder Safranfäden, werden aus der zart-violetten Blüte eines Krokusgewächses erzeugt. 130.000 bis 160.000 dieser Blüten benötigt man, um ein Kilogramm des „teuersten" Gewürzes der Welt zu erzeugen. Ich habe diese Bezeichnung in Anführungszeichen gesetzt, weil die Bezeichnung „teuer" bei mir immer einen negativen Beigeschmack hat. Teuer ist für mich ein Produkt, wenn es hochpreisig ist, aber weder Leistung noch Qualität oder Geschmack diesen Preis rechtfertigen. Das trifft absolut nicht bei echtem Safran zu. Um ein Kilogramm besten Safrans zu erzeugen, braucht man mindestens 2000 qm Fläche. Die Qualität, die ich in meinem Laden verkaufe, kommt ausschließlich aus dem Iran, eine sogenannte „Cutware", also geschnittene Ware, bei der vom Safranfaden alles, was nicht total rot ist, abgeschnitten wird. Natürlich von Hand. Das bedeutet: noch mehr Arbeit, noch mehr Ackerland und für mich einen noch höheren Einkaufspreis. Den ich allerdings, wenn ich ehrlich sein darf, sehr gerne bezahle. Auf iranischen Safran bin ich total eingeschworen, denn der hat mich noch nie enttäuscht. Ausprobiert habe ich schon genug davon.

Sie werden überrascht sein, wo Safran außer in Persien und Spanien noch angebaut wird (Diese beiden Länder erzeugen übrigens achtzig Prozent der gesamten Welternte, die sich momentan um gerade mal dreihundert Tonnen bewegt): Aus Griechenland, Italien und vom Mont Ventoux in Frankreich kommt eine verschwindend geringe Menge. Im Schweizer Wallis und sogar in England (Man höre und staune!) wird Safran sozusagen in homöopathischen Dosen produziert. Der Rest kommt aus Marokko. Bekannt ist Safran schon sehr lange. Seit jeher gilt er als Allheilmittel zum Beispiel gegen die Pest, und er soll sogar Tote zum Leben erwecken.

Safrankauf ist, wie schon erwähnt, Vertrauenssache, denn aufgrund seines hohen Preises wird er sehr gerne und auch oft erfolgreich gefälscht. Das Spektrum der Fälschungsmethoden ist groß – und dreist: das geht von Kurkumapulver (indischer Beiname „Indian Saffron"), das ja auch gelb ist und wie Safranpulver gelb färbt, aber leider nicht annähernd so betörend schmeckt, über Saflorblüten, die der Unkundige schon mal als stark mit gelben Fäden durchsetzte Safranqualität angeboten bekommt (schmeckt nach nichts, höchstens nach Strohblumen), bis hin zu Wollfäden und getrocknetem Blut.

Mein Tipp, kaufen Sie Ihren Safran dort, wo Sie regelmäßig einkaufen. Jemand, der Ihnen immer wieder mal in die Augen schaut, wird sie so schnell nicht betrügen. Nie aber irgendwo im Urlaub auf einem Markt. Nichts gegen die Händler dort, aber auch für sie ist die Versuchung einfach zu groß, einem Unwissenden – drücken wir es mal hart aus – Müll für teures Geld zu verkaufen.

Ich verwende Safran gern für die „beste Suppe der Welt", die Bouillabaisse, in einem genial schlotzigen Safranrisotto mit gebratenen Steinpilzen, für Muschelsuppe mit Safranfäden, auch mal in Couscous oder für Safraneis oder Safrancreme zu gebratenem Seeteufel. Oder: Safran auf bitterer Schokolade. Eine Spezialität in unserem Gewürzamt ist unsere „Konfitüre von Bananen mit iranischem Safran". Ich komme ins Schwärmen: Safranmayonnaise zu gegrillten Langostinos, gebratener Safran-Blumenkohl – und als Krönung: weiße Schokolade mit Safran und Mumbaicurry.

Kommentar von J. Dollase: Was ist eine sehr frische Jakobsmuschel? Eine sehr frische Jakobsmuschel ist fest geschlossen oder schließt ihren Deckel bei leichtem Klopfen sofort. Ist die Muschel mit einem Gummiband so verschlossen, dass sie sich nicht öffnen kann (wie es im Handel oft vorkommt), ist Misstrauen angebracht. Dieses Rezept ist also am besten etwas für das Kochen „vor Ort", zum Beispiel in der Bretagne. Bei Kreationen mit Jakobsmuscheln geht es nicht nur um die „passenden" Zutaten, sondern vor allem auch um ein Mitdenken des Essers. Weil die Muscheln selber nur ein sehr zartes Aroma haben, muss man mit der Dosierung der Zutaten sehr vorsichtig sein. Schon ein etwas größeres Stückchen Koriander in der Vinaigrette kann zuviel für die Muschel sein, und auch die Erdnüsse sollten sehr gleichmäßig zerkleinert werden, weil man sonst schnell etwas zu lange auf ihnen kaut und sich dabei der Geschmack der Jakobsmuschel im Hintergrund auflöst. Hat man einmal die Balance gefunden, entwickelt sich hier ein sehr feiner Strauß von Aromen, der die Muschel bei jedem Bissen in einem etwas anderen Zusammenhang zeigen kann.

Für 4 Personen

Cru von der Jakobsmuschel

auf lauwarmem Salat von Safranblumenkohl mit Koriandervinaigrette

Safranblumenkohl

1	kleiner Blumenkohl
2 EL	Olivenöl (leichte frische Qualität)
	Natursalz
1 g	ganze Safranfäden › (iranische allerbeste Qualität)
30 g	Butter
	Saft von ½ Limone
125 ml	frisch gepresster Orangensaft
1 TL	heller Rohrzucker
1	gehackter Bird-Eye-Chili
1 EL	geröstete und grob gehackte Erdnüsse

Den Blumenkohl vom Grün befreien und den ganzen Kopf in etwa ½ cm dicke Scheiben schneiden, die Strunkteile dazwischen großzügig entfernen. Olivenöl in einer großen, flachen Pfanne erhitzen. Die Blumenkohlscheiben langsam anbraten und gut mit Salz würzen. Safranfäden darüber streuen und Butter zugeben. Den Blumenkohl noch etwa eine Minute weiter braten und mit Limonen- und Orangensaft ablöschen. Zucker zugeben und den Saft auf die Hälfte einkochen. Chili zugeben und nochmals nachschmecken. Die Erdnüsse zugeben.

Koriandervinaigrette

2 EL	Olivenöl
1 TL	Zitronensaft
	Natursalz
1	Prise heller Rohrzucker
1 TL	gehackter Blattkoriander
¼ TL	rosa Beeren

Aus Olivenöl, Zitronensaft, Salz und Zucker eine Marinade rühren. Koriander und die zwischen den Fingern zerriebenen rosa Beeren dazugeben.

Anrichten

8	große, sehr frische Jakobsmuscheln
	Hibiskussalz

Jede Jakobsmuschel in 5 dünne Scheiben schneiden und auf jeweils ein Stück Pergament von 10 x 10 cm als Rosette auflegen. Den Blumenkohlsalat lauwarm auf die Teller verteilen und zu einem flachen Beet anrichten. Die Jakobsmuschelrosetten mittig darauf legen, mit der Vinaigrette nappieren und leicht mit dem Hibiskussalz bestreuen.

Ein mehr als einfaches Gericht, das durch seine subtilen Aromen besticht.

Selleriesaat

Während sich der Sellerie, von dem man nahezu alle Teile verwendet, großer Beliebtheit erfreut, ist die Selleriesaat als Gewürz ziemlich unbekannt. Ich verarbeite diese winzig kleinen Saatkörner auf jeden Fall sehr gerne, wenn auch nicht allzu oft. Sie haben etwas sehr Faszinierendes an sich: Sie sind so klein, dass man auf ein Gramm mehrere hundert Körnchen zählen kann. Doch der Geschmack eines einzigen Körnchens, der beim Daraufbeißen freigesetzt wird, ist grandios. Auch für den Laien ist das Selleriearoma deutlich und klar zu erkennen.

Die Selleriepflanze wird schon seit dreitausend Jahren kultiviert. Vom Mittelmeerraum aus begann sie ihren Siegeszug in alle möglichen Suppen, Bouillons und Saucen, in Salate und Gemüsezubereitungen. Vom grob geschnittenen Selleriestück im Röstgemüse (Mirepoix) für Fonds, Saucen und Jus bis hin zur feinsten Gemüsebrunoise, wo man sie als Suppeneinlage zusammen mit Karotten und Porree in feinste Würfel schneidet. Der Geschmack von frischem Sellerie ist sehr erdig und dennoch süß, erinnert ein wenig auch an Liebstöckel und Petersilienwurzeln. Die Saat hat feine mineralische Aromen, die sich mit Ajowan vergleichen lassen. Feine bittere Töne geben ihr eine lang anhaltende würzige Note. Man kann sie auch perfekt zur Herstellung von Selleriesalz verwenden, indem man Fleur de sel mit nicht zu fein gestoßener Selleriesaat mischt. Ebenso eignet sie sich zum Würzen von Gemüsebrühen und Eintöpfen oder einmal als Ersatz für frischen Sellerie.

Die Möglichkeit, eine Gänseleber mit Selleriesaat zu massieren und einzureiben, finde ich äußerst interessant. Denn bei jedem Bissen, den man von der Gänseleber zu sich nimmt, hat man unzählige Selleriesamen im Mund, die zusammen mit dem Fett der Leber ungeheuer an Komplexität und Ausdauer des Geschmacks auf der Zunge gewinnen. Verbunden mit Selleriestangen im Salat, die frisch und knackig sein sollen, hat man das Vergnügen, ein Gericht zu verspeisen, das an Aroma und Haptik trotz seiner Einfachheit nichts zu wünschen übrig lässt. „Sellerie at its best“.

Kommentar von J. Dollase: Die Verbindung von Stopfleber mit Balsamessig ist in vielen Varianten möglich. Neben dem klassischen Aceto Balsamico aus Modena gibt es mittlerweile Balsamessige von verschiedenen Produzenten und auf der Grundlage verschiedener Essige (z. B. ein Apfel-Balsamessig). Voraussetzung für den Akkord ist eine gute Qualität mit einem guten Zuckeranteil, weil die Stopfleber nur auf eine eingebundene Säure gut reagiert. Die Besonderheit dieses Rezeptes ist aber die Begleitung mit Gemüse. Und wieder zeigt sich, warum die Stopfleber ein so überragendes Produkt ist. Auch in dieser zweifachen Sellerie-Aromatisierung verliert sie nichts von ihrem Glanz, im Gegenteil: wer die ausschließlich süßen Stopfleber-Standards nicht mehr so gerne isst, wird hier überrascht sein und die Kombination keineswegs für rustikal halten. Für die Garung der Stopfleber empfiehlt es sich, die Scheiben etwa 2 bis 2,5 cm dick zu schneiden. Auf diese Weise bekommt man eine gute Kruste, ohne dass die Stopfleber zu weich wird.

Für 4 Personen

Stopfleber mit Selleriesaat
auf lauwarmem Kartoffel-Staudensellerie-Salat und Balsamessig-Jus

Stopfleber

4 Scheiben Gänsestopfleber (à 60–70 g; › sie muss sehr frisch sein, › da sie sonst ihr Fett verliert)
1 EL Selleriesaat
Natursalz
weißer Pfeffer aus der Mühle
Mehl
½ EL Pflanzenöl

Die Leberscheiben etwa 15 Minuten vor der Zubereitung aus der Kühlung nehmen. Wenn sie beginnen etwas weicher zu werden, die Selleriesaat zuerst auf einer Seite der Leberscheiben verteilen und mit einem Messerrücken in die Gänseleber drücken, dann auf der anderen Seite. Mit Salz und Pfeffer würzen. In Mehl wälzen und gut abklopfen. Das Öl in einer Pfanne erhitzen. Die Leberscheiben auf der ersten Seite langsam goldbraun anbraten, wenden und auf der anderen Seite braten. Sie sollen nicht nur braun werden, sondern auch in der Pfanne garen. (Man kann die Leber auch ohne Öl in die Pfanne legen, weil sie meist genügend Fett abgibt. Geschieht das nicht, gibt man tropfenweise einige Tropfen Öl hinzu.)

Kartoffel-Sellerie-Salat

300 g fest kochende Salatkartoffeln
Natursalz
50 ml Traubenkern- oder Sonnenblumenöl
1 nicht zu große, fein gehackte › Knoblauchzehe
2 EL fein gehackte Schalotten
1 TL grober Senf
40 ml Klingenberger Balsamessig › (aus dem Gewürzamt)
40 ml Fleisch- oder Geflügelbrühe
weißer Pfeffer aus der Mühle
2 Stangen Staudensellerie
1 TL fein geschnittener Schnittlauch
1 TL gehackte Blattpetersilie
1 TL in feine Streifen geschnittenes › Staudenselleriegrün

Die ungeschälten Kartoffeln in Salzwasser gar kochen. Abschütten, ausdampfen lassen und schälen. Das Salatöl erhitzen. Knoblauch und Schalotten darin glasig dünsten. Senf zugeben und mit Essig und Brühe ablöschen. Gut mit Salz und weißem Pfeffer abschmecken. Die noch heißen Kartoffeln in dünne Scheiben schneiden. Zum Anmachen am besten einen Teller mit hohem Rand benutzen. Mit einem kleinen Messer die Fäden des Staudenselleries abziehen und schräg in hauchdünne Scheiben schneiden. Sellerieschieben und Kräuter zu den Kartoffeln geben, die heiße Vinaigrette darüber gießen und mit zwei Esslöffeln vorsichtig vermengen, sodass die Kartoffelscheiben nicht zerstört werden. Etwa 5 Minuten durchziehen lassen und nochmals abschmecken.

Jus

20 ml Balsamessig
1 EL gehackte Schalotten
100 ml dunkler Geflügelfond
Natursalz
weißer Pfeffer aus der Mühle

Den Balsamessig mit den gehackten Schalotten soweit einkochen lassen, bis die Flüssigkeit nahezu verdampft ist. Mit dem braunen Fond aufgießen und auf 4 EL reduzieren. Mit Salz und weißem Pfeffer abschmecken. Die Jus mit einem Teller abdecken, damit sie keine Haut zieht, und beiseite stellen.

Anrichten

Den Salat auf tiefe Teller verteilen. Die gebratenen Leberscheiben obenauf setzen. Die Jus nochmals kurz aufkochen und über die Leber gießen.

Sternanis

Der Sternanis ist, was die Optik betrifft, ganz sicher eines der faszinierendsten Gewürze, die wir besprechen: Symmetrie, ästhetisches Farbenspiel und vorwitzig aus dem geöffneten Stern lugende Samen. Doch auch was Geschmack und Duft betrifft, lässt er kaum Wünsche offen. Der Sternanis ist eng mit den Magnoliengewächsen verwandt. Die Frucht hat meist acht Samen tragende Zellen, die aber nicht für das Hauptaroma verantwortlich sind. Die ätherischen Öle stecken vielmehr unscheinbar verpackt im Holz des Gewürzes. Weshalb man auch nicht ausschließlich die Samen verwenden sollte, sondern immer den ganzen Stern.
Das Aroma erinnert selbstverständlich an den klassischen Anis, jedoch süßlicher, kräftiger und mit einem herzhaft holzigen Aroma überlegt. Erinnerungen an Fenchelsaat, Lakritze und Süßholz werden ebenso wach wie an Süßdolde.
Lange Zeit hat Sternanis ein eher tristes Dasein gefristet und nur auf die Zeit des Weihnachtsgebäcks und des Glühweins gewartet. Was meiner Meinung nach sehr schade war. Durch den Siegeszug der Ethnoküchen Asiens, wie der thailändischen, vietnamesischen und chinesischen Küche, haben Gewürze wie beispielsweise Sternanis auch bei uns in Deutschland Einzug gehalten.
Die klassischen Zubereitungen, in denen Sternanis zum Einsatz kommt, möchte ich hier nicht noch einmal erwähnen. Viel wichtiger sind mir die außergewöhnlichen Einsatzbereiche: Zum Beispiel verlässt bei uns keine Tomatenzubereitung, welcher Art auch immer, ohne das Parfüm von Sternanis die Küche. Ob die Kirschtomate konfiert, die Tomatensauce zur Pasta serviert wird oder ob wir eine Tomatenessenz kochen – der Sternanis hat Mitspracherecht. Wenn ich eine kräftige Enten-Consommé gekocht habe, lasse ich sie auskühlen, gebe etwas attraktiv geschnittenes Wurzelgemüse dazu, brate eine Scheibe Stopfleber an und gebe dies alles mit einem Sternanis in eine Suppentasse. Verschließe sie mit Blätterteig und Eigelb und schiebe sie in den Ofen. Wie eine kräftige chinesische Entensuppe kommt sie dann daher. Einen cremigen Sternanisschaum bereite ich auf der Basis von trockenem, fruchtigem Weißwein und Sahne, in der man den Sternanis nur ziehen lässt. Wobei es sich empfiehlt, lieber viel Sternanis kurz ziehen zu lassen als umgekehrt. Die Aromen kommen dann süß, fruchtig und subtil in den Arbeitsbereich der Papillen und nicht energisch und dominierend.
Perfekte Harmonie erzeugt Sternanis zusammen mit Zimt, Vanille, Süßholz, Anis, Fenchel, Estragon, Orangenblüten und Tonkabohnen. Deshalb verwenden wir Sternanis in einigen Mischungen wie zum Beispiel Chinese wokspice, Currypasten, Quatre-Epices, Raz el Hanout und in manchem Curry.

Kommentar von J. Dollase:
Abgesehen davon, dass wir hier eine Technik für die Herstellung von Baumkuchen kennen lernen, die ohne weiteres auch zu Hause funktioniert, gibt es hier weitere ungewöhnliche Elemente. Die Jakobsmuschel ist in den letzten Jahren eines der beliebtesten Produkte in der kreativen Küche geworden, was nicht zuletzt an ihrem zurückhaltenden, „offenen“ Aroma liegt, das vielerlei Deutungen zulässt. Auf den ersten Blick scheint es sich hier fast um ein Dessert zu handeln, weil neben dem Baumkuchen auch noch Sternanis eine große Rolle spielt. Die Verbindung von Sternanis (plus Zitronengras, Ingwer usw.) zu Krusten- und Schalentieren hat sich allerdings sehr bewährt, weil sie in idealer Weise (Dezenz vorausgesetzt) deren Aroma verstärkt. Für den Ausgleich sorgen hier das kräftige (und nicht billige) Piment de Espelette, das mit dem „Piment“ genannten Nelkenpfeffer nichts zu tun hat, sondern eine der besten Küchenzutaten für eine feine Schärfe ist. Das Chilioder Paprikagelee könnte man sich auch eisgekühlt in einem Extra-Schälchen vorstellen. Wenn man dann eine Messerspitze davon zu einem Bissen nimmt, ergibt sich im Mund ein besonders interessanter sensorischer Verlauf.

Für 6 Personen

Geröstete Jakobsmuschel
auf Paprikabaumkuchen und Sternanisschaum

Baumkuchen

25 g	Marzipan-Rohmasse
7	Eigelbe
100 g	weiche Butter
1 EL	Zitronensaft
1 Msp.	gemahlene Vanille
1 Msp.	gemahlener Sternanis
10 g	Piment de Espelette
10 g	Weizenmehl Typ 550
90 g	Speisestärke
1 Msp.	Natursalz
100 g	Rohrzucker
5	Eiweiße

Sternanisschaum

50 ml	Noilly Prat
50 ml	trockener Weißwein
50 ml	weißer Portwein
1	gehackte Schalotte
120 ml	flüssige Sahne
12	Sternaniskapseln

Jakobsmuscheln

12	große, frische Jakobsmuscheln
	Natursalz
	weißer Pfeffer aus der Mühle
	Mehl
1 EL	Pflanzenöl

Anrichten

50 g	kalte ungesalzene Butterwürfel
	Salz
60 g	Chili- oder Paprikagelee › (vom Gewürzamt)
	Piment de Espelette
6	Kerbelspitzen
6	sehr schöne Sternaniskapseln

Den Baumkuchen schon einige Tage zuvor, spätestens aber am Vortag herstellen. Mit dem Handmixer das Marzipan glatt rühren und die Eigelbe nach und nach dazugeben. So lange schlagen, bis eine kompakte cremige Masse entstanden ist. In einer anderen Schüssel die gut weiche Butter mit Zitronensaft, Vanille, Sternanis und Piment de Espelette schaumig schlagen. Abwechselnd das Mehl-Stärke-Gemisch sowie Salz und die Eigelb-Marzipan-Masse einrühren. Das mit Zucker steif geschlagene Eiweiß unter die Masse heben. Eine runde Springform leicht mit etwas weicher Butter ausstreichen. Ein wenig Mehl darüber streuen und wieder ausklopfen. Am Backofen die Funktion Oberhitze oder Grillen einstellen und den Rost auf die vorletzte Schiene schieben. Die Springform für eine Minute zum Aufheizen in den Ofen schieben. Wieder herausnehmen und mit einer Winkelpalette soviel Teig auftragen, dass der Boden sehr dünn bedeckt ist: höchsten 1–2 mm. Im Ofen so lange backen, bis eine haselnussbraune Farbe entstanden ist. Wieder aus dem Ofen nehmen, die nächste Schicht ebenso dünn auftragen, wieder zurück in den Ofen und Farbe annehmen lassen. So weiter verfahren, bis der Teig aufgebraucht ist. Wichtig ist, dass alle Schichten so gleichmäßig wie möglich aufgetragen werden, damit eine ansprechende Optik entsteht. Zum Schluss den Ofen auf 180 °C Heißluft einstellen und den Baumkuchen nochmals 10 Minuten backen. Aus dem Ofen nehmen und gut auskühlen lassen. Die Ränder so abschneiden, dass ein quadratisches Stück entsteht. In Folie einpacken und im Kühlschrank aufbewahren.

Den Wermut und die Weine in einen kleinen Topf gießen, gehackte Schalotte zugeben und auf ein Drittel reduzieren. Die flüssige Sahne zugießen und aufkochen. 5 Minuten lang kochen lassen und um ein Drittel reduzieren. Die Sternaniskapseln zugeben und mindestens eine Viertelstunde ziehen lassen. Die Creme nochmals aufkochen und durchrühren, damit sich abgesetzter Rahm wieder vermischt. Durch ein sehr feines Sieb gießen und am Ofenrand warm stellen.

Um die Jakobsmuscheln auszulösen, am besten ein älteres Tafelmesser ohne gezahnte Schneide benutzen. Zu diesem Zweck an der etwas geöffneten Seite der Muschel mit dem Messer den Deckel anheben und am Deckel entlang die Muschel abschneiden. Den Deckel wegwerfen. Die Muschel mit dem Messer vorsichtig vom Muschelboden lösen, ohne das Fleisch zu verletzen. Das rote Corail, wenn vorhanden, Darm, Bart und Sand mit einem Griff vom Muskelstamm abziehen. Vorsicht, die Muschel kann dabei leicht zerreißen! Die ausgelösten Muscheln in kaltes Wasser legen und sorgfältig unter mehrmaligem Wechseln des Wassers von Sand und Schmutzstoffen befreien. Auf Küchenkrepp abtropfen lassen und sofort kalt stellen. (Natürlich kann oder könnte man auch fertig ausgelöste Muscheln kaufen. Aber um welches Vergnügen wäre man dann gebracht?) Die Jakobsmuscheln salzen, pfeffern und in Mehl wälzen. Eine sehr flache Pfanne erhitzen, sehr wenig Pflanzenfett zugeben und die Muscheln auf beiden Seiten braun rösten.

Den Baumkuchen in 12 Streifen von jeweils 8 cm Länge schneiden und auf vorgewärmten Tellern verteilen. Die Sternaniscreme nochmals aufkochen, die kalte gewürfelte Butter mit dem Stabmixer einmixen und mit Salz abschmecken. Den Chiligelee nicht zu großzügig in dünnen Streifen darauf streichen oder tropfen. Die heißen, auf beiden Seiten braun gerösteten Jakobsmuscheln sofort darauf setzen und mit dem Sternanisschaum umgießen. Mit Piment de Espelette, Kerbel und Sternanis dekorieren.

Tahiti-Vanille

Die Tahiti-Vanille ist eine Orchideenart, die sich im Fachjargon vanilla tahitiensis nennt. Ursprünglich wurde sie, wie der Name schon sagt, ausschließlich auf Tahiti angebaut. Mittlerweile hat man erkannt, was Tahiti-Vanille alles zu bieten hat, und baut sie auch in anderen Regionen wie beispielsweise Indien und Indonesien an. Am Weltmarkt sieht es so aus, dass jährlich etwa 2500 Tonnen vanilla planifolia und etwa acht Tonnen vanilla tahitiensis produziert werden. Nur zur Information zwischendurch: Beides zusammen macht gerade einmal vier Prozent des Weltbedarfs an Vanille aus. 96 Prozent werden mit naturidentischem Vanillin gedeckt, das der deutsche Chemiker Dr. Wilhelm Haarmann 1874 erstmals aus dem Rindensaft von Fichten herstellte. Tahiti-Vanille hat ein umwerfendes Aroma von überreifen exotischen Früchten, Tabak und Blüten – aber kaum Vanillin. Das ist auch der Grund, warum sie am Weltmarkt als minderwertig gilt. Die Konzentration echten Vanillins in der Vanillestange regelt den Preis und den Wert der Vanille am Markt, da der Löwenanteil dieser kostbaren Stangen nicht primär in Eis, Kuchen und Cremes landet, sondern vornehmlich für die Parfümindustrie und zur Herstellung hochwertiger Lebensmittel extrahiert wird. Hoher Vanillingehalt, hohe Ausbeute, hoher Preis.

Man neigt oft dazu zu glauben, nur mit dem Samen könne man ein Eis oder eine Mousse perfekt aromatisieren. Tatsächlich ist es aber so, dass die Zellulose in der Stange das Aroma an den Samen abgibt. Die schwarzen Pünktchen des Samens in der Sahne suggerieren lediglich einen starken Vanillegeschmack. Da der Preis der Vanille stets schwankt und wohl auch durch Spekulationen und Wettereinflüsse nie zur Ruhe kommen wird, die Vanillestange auch nie ein preiswertes Vergnügen sein wird, sollte man bemüht sein, sie sparsam zu verwenden. Damit meine ich nicht, wenig Vanille zu benutzen, also statt einer ganzen nur eine halbe Stange zu verwenden, sondern die Kraft des in der Stange vorhandenen Vanillins voll auszunutzen. So empfehle ich gerne, nicht nur eine Stange Vanille zu kaufen, sondern stets mehrere, aber immer nur von einer Sorte. Man stellt die Stangen in ein schmales, hohes, sehr, sehr sauberes Glas und gießt sie mit einem aus je gleichen Teilen Wasser und Zucker aufgekochten so genannten Läuterzucker auf. Das verschlossene Glas stellt man kühl. Der Vorteil ist, dass die Stangen immer weich und geschmeidig sind und somit die Samenausbeute erheblich höher als gewöhnlich. Der Zucker hat schon nach wenigen Tagen ein phantastisches Vanillearoma, sodass man ihn zum Marinieren von Früchten wie Ananas, Erdbeeren usw. verwenden kann. Oder zum Süßen von Tee und exotischen Cocktails. Halbierte Stangen kann man ohne Qualitätsverlust in das Glas zurückgeben, aber nur, wenn man nicht mit den Fingern ins Glas geht. Der Zucker könnte sonst zu gären beginnen. Eine einmal verwendete Vanillestange kann man heiß, sehr heiß abwaschen und einige Tage trocknen, um sie als Garnitur zu benutzen oder sie zu mahlen und einen sensationellen Vanillezucker herzustellen. Das Vanillin steckt ja in der Zellulose und gibt sein Aroma immer noch ab. Tahiti-Vanille benutze ich fast ausschließlich für Desserts, wegen ihres mehr als opulenten Aromas, das jedes Krustentier, jeden Fisch oder ähnliches erschlagen würde. Lediglich eine mit Tahiti-Vanille und Mandeln lackierte Barbarie-Ente auf Rhabarber lasse ich ab und zu mal gelten. Hochgradige Suchtgefahr besteht bei Tahiti-Vanilleeis, das deshalb mit Vorsicht zu genießen ist.

Kommentar von J. Dollase: Man könnte tiefes Verständnis dafür haben, dass jemand bei dieser Massierung von Vanille abwinkt. Aber – dieses Rezept ist in dem Moment überhaupt kein Problem, wo man eine optimale Vanille einsetzt. In der Aromenindustrie ist das Vanillearoma eines der Aromen, das man am frühesten nachgeahmt hat und das sehr billig in der Herstellung ist. Der Qualitätsunterschied von solchen Aromen zu einer Spitzenvanille aus Tahiti ist dann aber so gewaltig wie der von einem billigen Tafelrotwein zu einem großen Bordeaux. Eine „Orgie in Vanille" entsteht auch durch die Unterschiede in der Textur und Temperatur der Elemente, die ein zeitlich versetztes Wahrnehmen ermöglichen. Am simpelsten empfinden wir Elemente, die sich sehr ähnlich sind, am differenziertesten solche, die beim Essen verschiedene sensorische „Sensationen" auslösen. Insofern bekommt man hier nicht nur durch die Produktqualität, sondern auch durch die sensorische Gestaltung „den ganzen Mund voll Vanille".

Für 6 Personen

„Orgie in Vanille"

Basis

1 l	Sahne
200 g	Zucker
2	Stangen Tahiti-Vanille
12	Eigelbe

Crème brûlée

6 EL	brauner Zucker

Vanillecreme

75 ml	Sahne
75 ml	Milch
1	Stange Tahiti-Vanille
3	Eigelbe
100 g	Zucker
3 Blatt	Gelatine
300 g	geschlagene Sahne

Erdbeeren

200 g	Mehl
	Salz
250 ml	Eiswasser
2 l	Pflanzenöl
6	große Erdbeeren
	Vanillezucker (aus Vanillesamen und Zucker hergestellt)

Anrichten

6	Minzeblätter
	Puderzucker

Drei Viertel der Sahne mit dem Zucker in einen kleinen Topf geben. Vanillestangen an der Seite aufschlitzen, das Mark herauskratzen und beides, Mark und Stangen, zu der Sahne geben und zum Kochen bringen. Die Vanillestangen entfernen und beiseite legen. Die restliche Sahne mit den Eigelben verquirlen und kräftig in die kochende Sahne einrühren. Sobald die Konsistenz leicht cremig wird, vom Feuer nehmen und durch ein Sieb gießen. Die Masse in drei Mengen im Verhältnis 40:40:20 aufteilen. Die 20 Prozent für die Sauce kalt stellen, einmal 40 Prozent zu Eis gefrieren und den Rest zu Crème brûlée verarbeiten.

Die Creme auf 6 tiefe Teller aufteilen. Im Ofen bei 140 °C etwa 25 Minuten stocken und gut auskühlen lassen. Kurz vor dem Anrichten gleichmäßig mit dem braunen Zucker bestreuen und mit einer Lötlampe nicht zu hell karamellisieren.

Sahne und Milch mit ausgekratzter Vanillestange zum Kochen bringen. Eigelbe und Zucker gut schaumig schlagen, die heiße Sahnemilch einrühren und nochmals erhitzen, bis sich eine leichte Bindung zeigt. Die Vanillestange entfernen und beiseite legen. Vom Feuer nehmen, die eingeweichte Gelatine zugeben und so lange cremig rühren, bis die Creme auf Zimmertemperatur abgekühlt ist. Die geschlagene Sahne vorsichtig unterheben und sofort in 6 Förmchen füllen. Mindestens 3 Stunden durchkühlen lassen.

Aus Mehl, Salz und Eiswasser einen dickflüssigen Teig rühren. Das Öl in einem Topf langsam auf etwa 170 °C erhitzen. Erdbeeren vom Grün befreien, leicht in Mehl wälzen, durch den Teig ziehen und goldbraun ausbacken. Sofort in Vanillezucker wälzen.

Die Vanillecreme auf die Crème brûlée stürzen, Eis und Vanillesauce ebenfalls darauf anrichten. Die Erdbeeren dazu und mit der Minze dekorieren. Mit Puderzucker bestäuben und servieren.

Tipp: *Besonders hübsch sieht es aus, wenn die „Orgie in Vanille" mit getrockneten Vanillestangen dekoriert wird. Dazu die Vanillestangen gut abwaschen und im Ofen bei 100 °C mindestens 3 Stunden trocknen lassen.*

Tonkabohnen

Wie sag ich's meinem Kinde? Da gibt es ein Gewürz und gibt es doch nicht. Man sollte damit kochen, weil es aufregend schmeckt, und man sollte es nicht, weil es gesundheitsschädlich sein könnte. Also was nun? Zuerst einmal die Fakten. Die Tonkabohne ist der Samen des Tonkabaums, ein hoher Waldbaum mit elliptischen Blättern und violetten Blüten, der im Orinoko-Quellgebiet Venezuelas angebaut wird. Dort werden die Samen 24 Stunden in Rum eingelegt, dann in Leinbeutel gepackt und in der Sonne fermentieren lassen. Durch diesen Prozess werden die typischen Aromen der Tonkabohne, also Duft und Geschmack von Bittermandel, Vanille und Waldmeister aktiviert. Der Waldmeistergeschmack kommt durch das im hohen Maße enthaltene Kumarin. Und dieses Kumarin ist auch der Grund, warum man Waldmeister und Tonkabohnen nicht zu oft genießen sollte. Diesem Stoff sagt man nach, dass er giftig und krebsfördernd sein soll.

Aber ich denke, das ist wie bei Alkohol, Zigaretten und anderen Genussmitteln: man soll es halt nicht übertreiben. Die Dosis macht es aus. Muskatnuss sagt man auch Giftigkeit nach, wenn sie in großen Mengen genossen wird. Aber wer mag schon sein Kartoffelpüree mit einer ganzen Muskatnuss abgeschmeckt haben? Mich hält nicht nur der gesundheitliche Aspekt davon ab, die Tonkabohne zu kräftig zu dosieren. Denn wenn man subtil damit umgeht, bekommt das damit gewürzte Lebensmittel einen geheimnisvollen Touch. Wie zum Beispiel mein Baumkuchen, von dem ich ein ganzes Blech mit einer einzigen geriebenen Bohne würze. Das reicht vollkommen, schmeckt aufregend und erschlägt nicht gleich alles.

Ich empfehle, falls man eine Mousse, Eis oder Cremes damit aromatisieren möchte, die Tonkabohne im Mörser nur zu brechen, aber nicht zu pulverisieren, und die Bohne dann nur in der Milch ziehen zu lassen. So können Sie dieses kraftvolle Aroma punktgenau steuern.

Außer in der Küche verwendet man Tonkabohnen auch als Räucherwerk, in der Parfümindustrie sowie um Tabak, Schnupftabak usw. zu aromatisieren. Wobei ich den Einsatz von Tonkabohnen in Tabakwaren eher für einen Glücksfall halten würde. Denn verglichen mit der üblichen Verwendung von künstlichen Aromastoffen in diesem Bereich wäre das wohl ein Lustgewinn.

Eines ist klar: ob Tonkabohnen nun giftig oder nicht giftig sind, ob sie erlaubt oder verboten sind – Duft und Aroma sind im wahrsten Sinne des Wortes atemberaubend.

Kommentar von J. Dollase:
Die Tonkabohne, ein Gewürz, das sich in den letzten Jahren einer steigenden Beliebtheit erfreut, ist eigentlich eine Wiederentdeckung. Diese leicht nach – pardon – Mottenkugeln duftende, dunkle Bohne war schon einmal vor Jahrzehnten ein regelmäßig in der Küche eingesetztes Aroma. Es ist sehr intensiv und sollte deshalb mit der nötigen Vorsicht verwandt werden. Interessant ist auch die zunehmende Wertschätzung für Salz im Dessertbereich. Es scheint langsam klar zu werden, dass die einseitige Fixierung „Dessert gleich süß" auf die Dauer zu ziemlich langweiligen Kreationen geführt hat. Auch Desserts wirken sehr viel angenehmer und füllen nicht so den Magen, wenn sie ausgeglichen gestaltet sind. Dazu gehören neben den Gewürzen (die ruhig auch einmal scharf sein dürfen) vor allem eine gute Fruchtsäure und eben auch Salz. Ein Klassiker mit Salz ist übrigens das berühmte „Caramel au beurre salé", ein Karamellbonbon mit Salzbutter, das zu den Spezialitäten in der Bretagne gehört.

Für 4 Personen

Topfenmousse

mit Tonkabohnen parfümiert auf Blutorangenragout und gesalzene Karamell-Wan-tan

Blutorangenragout

4	sehr rote Blutorangen › (möglichst Moro)
250 ml	Wasser
2 cl	Grenadinesirup
10 g	heller Rohrzucker
8 g	Maisstärke

2 Orangen filieren: mit einem dünnen, scharfen Messer Blüte und Stielansatz großzügig bis aufs Fruchtfleisch abschneiden und die Orangen ebenso großzügig schälen. Die Orangenfilets zwischen den Häutchen herausschneiden. Den Saft auffangen und den Orangenrest auspressen. Die 2 anderen Orangen ebenfalls auspressen, zuvor eine Orange sehr dünn schälen. Die Schale in hauchdünne Streifen schneiden und in etwa ¼ Liter Wasser aufkochen. Abgießen und kalt abspülen. Grenadinesirup aufkochen, die Orangenstreifen zugeben und 20 Minuten ziehen lassen. Orangensaft und Zucker zugeben und aufkochen. Die Stärke mit wenig kaltem Wasser anrühren und in den kochendem Orangensaft rühren, um ihn zu binden. Die Filets vorsichtig damit vermischen. In 4 schöne Schälchen verteilen und kalt stellen.

Topfenmousse

200 g	Quark (40 % Fett)
50 g	Joghurt (10 % Fett)
¼	geriebene Tonkabohne
40 g	heller Rohrzucker
50 ml	Orangensaft
1 ½	Blatt Gelatine
150 g	geschlagene Sahne

Quark, Joghurt und geriebene Tonkabohne in einer Schüssel glatt rühren. In einem kleinen Töpfchen Zucker, Orangensaft und eingeweichte Gelatine erhitzen, bis sich die Gelatine komplett aufgelöst hat. Anschließend in die Quarkmasse einrühren und mit einem Gummischaber vorsichtig die geschlagene Sahne unterheben. Auf dem ausgekühlten Blutorangenragout verteilen und sofort für mindestens 2 Stunden kalt stellen.

Karamell-Wan-tan

16	Wan-tan-Blätter › (aus dem Asia-Laden)
500 ml	Pflanzenöl
100 g	heller Rohrzucker
4 Msp.	Fleur de sel
	Puderzucker

Die Wan-tan-Blätter in 1 cm breite Streifen schneiden und in 180 °C heißem Öl knusprig backen. Auf Küchenkrepp abtropfen lassen. In einem Töpfchen den Zucker unter Rühren karamellisieren lassen. Die ausgekühlten Wan-tan-Blätter großzügig auf der Mousse und dem Ragout verteilen. Den Karamell über die Wan tan träufeln und sofort das Fleur de sel darauf streuen. Mit etwas Puderzucker bestäuben und servieren.

Verveine oder Zitronenstrauch

Verveine gehört zu den Eisenkrautgewächsen. Aber hüten Sie sich davor, in der Apotheke einfach nach Eisenkraut zu verlangen. Sie werden etwas ausgehändigt bekommen, das Ihren geschmacklichen Erwartungen keinesfalls entspricht. Bitter und streng wäre das Aroma. Ohne Frage gesund, aber auf keinen Fall frisch und lecker. Verveine hingegen ist weniger ein Gewürz als ein Kraut – mit einem unvergleichlichen Geschmack. Die Franzosen haben daraus ein Kultgetränk gemacht, das es überall, in der Brasserie um die Ecke bis zum 3-Sterne-Restaurant, gibt – vom gemahlenen Puder in einfachen Zellstoffbeuteln, das in billigen Teegläsern aufgegossen wird, bis zum Auszug feiner, ganz frischer Blätter in Kannen aus edelstem Porzellan, pur oder in Mischungen mit Minze, Silberlinden- und Orangenblüten. Die Bezeichnung Verveine-Tee ist ziemlich falsch, denn es handelt sich nicht um einen Tee, sondern um einen Auszug von getrockneten oder frischen Verveineblättern. „Infusion de Verveine", was für eine sympathische Formulierung, warm und frisch wie das Getränk an sich.

Zitronenverbene, die aus Südamerika stammt, hat sich ihre Sporen hierzulande als Zierpflanze verdient und ist seit hundert Jahren bekannt. Der Aufguss aus den schön gewachsenen, langen, sehr festen und stabilen Blättern wird meist nach einem reichlichen Mahl zur Entspannung von Magen und Darm serviert. Aber auch Schwangere wissen die wohltuende Wirkung zu schätzen. Äußerlich angewendet, verspricht sie schnelle Besserung bei geschwollenen Augenlidern, wenn man sie mit einem Tuch betupft, das man in eine heiße, sehr konzentrierte Tinktur aus frischen Verveineblättern getaucht hat – ein Segen nach durchzechten Nächten oder vielen Tränen. Ich habe es auch schon ausprobiert (aber geweint hatte ich nicht).

Bei uns verwenden wir Verveine zu Geflügel, wie bei unserem Gericht, sehr, sehr gerne aber auch zu Hummer, allen anderen Krustentieren und zu Jakobsmuscheln. Die lieben es geradezu, mit dem Aroma von Verveine parfümiert zu werden, dazu etwas Orangenaroma und ein paar Tropfen kräftiger Jus aus Jurawein – einfach atemberaubend und problemlos nachzukochen. Oder unser Hummer mit Mandarinen und Zimtblüten, der erst durch die feinen Verveineblätter die Perfektion erreicht, die ich von ihm erwarte. Allerdings sollte man auch mit diesem Kraut sensibel umgehen, um seine Subtilität und damit die Eleganz des Aromas zu wahren. Auch hier gilt die Devise „Weniger ist mehr".

Kommentar von J. Dollase: Liefert dieses Rezept nun den absoluten Overkill an Knoblaucharoma, und ist es nur etwas für entsprechende Spezialisten? Nun, man kann zumindest nicht behaupten, es würde nicht deutlich nach Knoblauch schmecken, zumal die Zehen nach der Garung auch noch ausgedrückt werden und die Sauce zu einer Art Knoblauchpüree machen. Aber – ein guter Gewürzkoch weiß, wie er mit seinen Produkten umgehen muss und wie man sie optimiert. Die Aromatisierung mit Gänsestopfleber, den „belüftenden" kandierten Zitronen und der ebenfalls frisch wirkenden Verveine nimmt dem Knoblauch alle seine Nachteile (wie etwa eine gewisse Penetranz) und belässt ihm alle seine Vorteile (wie etwa die wunderbar komplexe Hintergrundwürze). Dabei kann in diesem Rezept sogar auf das sonst übliche mehrfache Blanchieren der Knoblauchzehen verzichtet werden. Ein weiterer wichtiger Punkt ist die Steuerung des Zitronenanteils, der einen wesentlichen Ausgleich für die kompakten Aromen darstellt. Es empfiehlt sich, bei jedem Bissen etwas von den kandierten Zitronenstückchen mitzunehmen.

Für 4 Personen

Perlhuhn

mit vierzig Knoblauchzehen, kandierten Zitronen und Verveine in Muscatwein geschmort

Perlhuhn

1	Perlhuhn (ganz ca. 1,8 kg oder › ausgenommen ca. 1,4 kg)
	Salz
	weißer Pfeffer aus der Mühle
70 ml	Olivenöl
80 g	Gänsestopfleber (auch Abschnitte › oder Reststücke)
40	mittelgroße Knoblauchzehen › (ca. 225 g, möglichst Ail rosé › aus der Provence)
0,7 l	nicht zu trockener Muscatwein › oder Morio-Muskat
	eventuell etwas Geflügelbrühe
80 g	kandierte Zitronen
20	frische Verveineblätter › oder 6 g getrocknete
	frisch gepresster Zitronensaft
	eventuell etwas Rohrzucker
4	schöne Verveine-Spitzen

Das Perlhuhn ausnehmen und in Brust und Keulen zerteilen. Beim Ausnehmen besonders darauf achten, dass die Galle nicht verletzt bzw. zerstört wird. Die Geflügelkarkasse (Knochen) in 3–4 Stücke zerhacken. Brust und Keulen von überflüssigem Fett und Sehnen befreien. Die Keulen im Gelenk zerteilen und zusammen mit der Brust auf Fleisch- und Hautseite kräftig mit Salz und Pfeffer würzen.

In einem flachen Topf das Olivenöl erhitzen. Zuerst die Keulenteile und Brüste, dann die zerhackten Karkassen einlegen und rundum braun anbraten. Sobald die Brüste Farbe angenommen haben, herausnehmen und beiseite stellen.

Die Gänseleber in grobe Würfel schneiden und mit den Knoblauchzehen zugeben. Bei milder Hitze so lange braten, bis die Zehen goldbraun und nahezu gar sind. Mit dem Wein ablöschen. Die Fleischstücke sollten bedeckt sein, ansonsten mit etwas Brühe auffüllen. 50 g kandierte Zitronen in grobe Stücke teilen und zugeben.

Den Topf mit einem Deckel schließen und die Geflügelteile 30–35 Minuten lang saftig und zart, aber nicht zu weich schmoren. 5 Minuten vor Ende des Schmorvorgangs die Verveineblätter zugeben. Die Fleischstücke herausnehmen und warm stellen. Die Knochenteile herausnehmen und wegwerfen. Den Fond mitsamt dem Knoblauch und den Kräutern in einem Mixbecher oder mit dem Zauberstab zu einer cremigen Sauce pürieren. Der Knoblauch fungiert als Bindemittel. Die Sauce durch ein Sieb passieren und nochmals aufkochen. Mit Salz, Pfeffer, Zitronensaft und eventuell etwas Rohrzucker abschmecken.

Die angebratenen Bruststücke sowie die Keulen einlegen und so lange in der Sauce belassen, bis die Brust auf den Punkt gar ist. Die restlichen kandierten Zitronenstücke fein würfeln und zugeben. Die Geflügelteile am besten auf feinen Nudeln anrichten und mit reichlich Sauce übergießen, sie ist das A und O bei diesem Gericht. Mit den Verveinespitzen dekorieren und servieren.

Wacholder

Der Wacholder begegnet uns viel öfter, als wir vielleicht annehmen. Er taucht nicht nur in vielen deutschen Gerichten immer wieder auf, sondern hat auch seinen festen Platz als Zierstrauch in unseren Gärten und in Zierhecken. Reißen Sie dort einmal ein paar Beeren ab und zerquetschen sie zwischen den Fingern: Ein angenehmer, öliger und frischer Duft wird Sie die nächsten Stunden begleiten, denn das Aroma, an das Öl gebunden, haftet sehr lange an Ihren Fingern. Der Vergleich des Aromas mit Rosmarin, Nadelholzharz, getrockneten Beeren und Wald ist sicher nicht weit hergeholt. Der Geschmack ist süß, leicht bitter und fruchtig.

Wacholder ist ein Gewürz, das etwas unter Imageverlust leidet. Leider. Denn er hat doch geschmacklich viel zu bieten. Allerdings sind die erhältlichen Qualitäten sehr unterschiedlich. Ich verwende in meiner Küche und auch in meinem Colonialwarenhandel ausschließlich die großen und prallen „italienischen Riesen" mit weicher, ledriger Haut. Hier kann man ohne großen Kraftaufwand die ätherischen Öle aus der weichen Beere pressen – für mich das wichtigste Qualitätskriterium. Trockene, harte und bröselnde Wacholderbeeren sind minderwertig und gehören weder in den Topf noch auf den Teller. Sie sind entweder alt, schlecht gelagert oder beides. Gut verschlossen und Licht geschützt aufbewahrt steht jedoch einem relativ langen Leben der im besten Falle dunkelblauen Beere nichts im Weg. Da es eine ganze Reihe von Verwendungszwecken gibt, lassen sie sich aber auch rasch verbrauchen. Hinlänglich bekannt ist ihr – nicht zu sparsamer – Einsatz in Sauerkraut, Rotkohl und zu dunklem, geschmortem Fleisch. Doch dass man einem Reh- oder Hirschrücken kurz vor dem Ende des Bratvorganges einige Wacholderbeeren mit einem Stück Butter zugibt, die Butter aufschäumen lässt und das Fleisch damit übergießt, wissen nur wenige. Ein feines Wacholderaroma überzieht das Wildfleisch. Das funktioniert und passt genauso gut bei Wildgeflügel. Gern gebe ich auch eine größere Menge Wacholderbeeren in mein Räuchermehl, wenn wieder einmal einige Schinken, Lachse oder Entenbrüste im Rauchfang hängen.

Mit frischen ätherischen Aromen harmoniert der Wacholder am besten. Deshalb ist eine Kombination mit schwarzem Pfeffer, Rosmarin, Lorbeer und auch Knoblauch optimal.

Der gesundheitliche Faktor ist nicht unbeträchtlich, denn bei der Neigung zu Wasserablagerungen im Gewebe wirkt ein Wacholderauszug schnell und effektiv entwässernd. Ob das auch für Gin zutrifft, ist allerdings fraglich.

Kommentar von J. Dollase:
Auch von Standardgewürzen wie dem Wacholder gibt es deutlich unterschiedliche Qualitäten. Die normale Handelsware ist oft mehr oder weniger ausgetrocknet und für dieses Rezept kaum noch zu gebrauchen. Der Unterschied zwischen einer einfachen Handelsware und einer Spitzensorte bei den Gewürzen ist übrigens an zwei Merkmalen zu erkennen. Die Spitzensorten wirken fast immer typischer und ihr Aroma ist komplexer. Die Wirkung der Wacholderkruste ergibt sich vor allem im Zusammenhang mit den Morcheln. Die Verwendung von getrockneten Morcheln ist dabei durchaus keine halbe Lösung. Getrocknete Morcheln gelten als eines der besten getrockneten Produkte. Sie sind vom Aroma her quasi genauso gut wie frische. Das Einweichwasser bekommt ein deutliches Morchelaroma und kann durchaus noch – gefiltert – an anderer Stelle (z.B. in einer Sauce) Verwendung finden. Eine kleine Besonderheit findet sich auch in der klassisch aufgebauten Sauce: etwas Schokolade zur Bindung. Das klingt vielleicht wie ein Modegag, ist aber ein durchaus klassisches Mittel zur Verfeinerung von Saucen (vor allem in Südfrankreich).

Frischlingsrücken

mit Wacholderkruste auf Morchelschmarrn und glacierten Dörrsauerkirschen

Frischlingsrücken

1	Frischlingsrücken › (1,4–1,6 kg; frisch, kein TK)
	Natursalz
	schwarzer Pfeffer aus der Mühle
4 EL	Pflanzenöl
3	Scheiben Toastbrot
1 EL	Wacholderbeeren › (große saftige Qualität, am besten › italienische Riesen)
2 EL	Traubenkernöl
1 EL	violetter Weinhefesenf
60 g	flüssige Butter

Sauce

	klein gehackte Frischlingsknochen und Parüren (vom ausgelösten Frischlingsrücken)
100 g	Zwiebelwürfel (2 x 2 cm)
60 g	Karottenwürfel (2 x 2 cm)
60 g	Staudenselleriewürfel (2 x 2 cm)
2 EL	Pflanzenöl
1 EL	Tomatenmark
350 ml	trockener Rotwein
1 l	Wasser
1 TL	schwarze Pfefferkörner
6	Wacholderbeeren
1	gequetschte Knoblauchzehe
1	kleines Lorbeerblatt
100 ml	roter Portwein
10 g	bittere Schokolade (mindestens 70 % Kakaoanteil)
	Natursalz
	schwarzer Pfeffer aus der Mühle
1 TL	sehr dunkler, süßer Balsamico

Kirschen

50 g	getrocknete Sauerkirschen
100 ml	trockener Rotwein
1 EL	Rohrzucker
¼	Vanillestange
25 g	Butter

Schmarrn

25 g	kleine getrocknete Morcheln (1–2 cm)
2	Eier
45 g	heller Rohrzucker
1 Msp.	gemahlene Vanille
	Natursalz
75 g	Weizenmehl
250 ml	flüssige Sahne
30 g	flüssige Butter
1 EL	Traubenkernöl
20 g	Butter
20 g	Puderzucker

Anrichten

50 g	getrocknete Sauerkirschen

Mit einem kurzen, scharfen Messer den Rücken entlang des Rückgrads einschneiden und das Fleisch vom Knochen lösen. (Man kann eventuell auch den Wildhändler bitten, dies zu erledigen. Dann sollte man sich aber die Knochen dazu geben lassen, weil sie für die Sauce benötigt werden.) Die Silberhaut vom Rückenstrang wegschneiden, dabei darauf achten, dass so wenig Fleisch wie möglich an den Parüren bleibt. Das Fleisch in 4–6 gleichmäßige Stücke teilen, mit Salz und Pfeffer auf beiden Seiten würzen und in Pflanzenöl anbraten. Im Ofen bei 180 °C etwa 6 Minuten braten; das Fleisch soll noch halbroh sein. Auf Zimmertemperatur abkühlen lassen. Das Toastbrot entrinden und in kleine Stücke schneiden. In einem Mixer die Wacholderbeeren fein pürieren. Das Toastbrot zugeben und alles zusammen zu einer glatten Masse aufmixen. Das Öl dazu mischen und gleich etwas salzen und pfeffern. Den Rücken auf der Oberseite nicht zu dünn mit dem violetten Senf bestreichen. Das Wacholderpüree recht dick auftragen und mit der Hand etwas andrücken. Mit einem Pinsel die flüssige Butter so gleichmäßig auftragen, dass keine trockenen Stellen mehr zu sehen sind, da sie sonst beim Gratinieren verbrennen würden. Den Ofen auf Grillen stellen und den Rücken auf der zweitobersten Schiene gratinieren, bis er braun ist. Aus dem Ofen nehmen und 1 Minute ruhen lassen.

Die klein gehackten Knochen und Parüren auf einem Blech im Ofen bei 200 °C etwa 30 Minuten braun rösten. In einem flachen Topf die Zwiebel-, Karotten- und Selleriewürfel langsam in Öl anbraten, bis sie Farbe annehmen. Das Tomatenmark zugeben und etwa 3 Minuten mitrösten. Die gerösteten Knochen und Parüren hinzufügen. Mit 100 ml Rotwein ablöschen und einkochen lassen. Wieder 100 ml Rotwein zugeben und einkochen lassen. Noch einmal wiederholen. Mit 1 l kaltem Wasser auffüllen, kurz aufkochen lassen und die Temperatur herunterschalten. Pfeffer, Wacholderbeeren, Knoblauch und Lorbeer zugeben und mindestens 3 Stunden bei kleinster Hitze köcheln lassen. Knochen und Gemüse mit einer Schaumkelle herausnehmen. Den Fond durch ein feines ausgewaschenes Tuch gießen. Den restlichen Rotwein und den Portwein reduzieren, bis alle Flüssigkeit verdampft ist. Mit dem passierten Fond aufgießen und auf 150 ml einkochen. Die Schokolade einrühren (das gibt dem Jus keinen süßen Schokoladengeschmack, sondern ein feines Kakaoaroma) und vollkommen glatt kochen. Mit Salz, Pfeffer und Balsamessig abschmecken. Wenn die Sauce genug eingekocht ist, muss sie nicht gebunden werden.

Die Kirschen in ein kleines Einmachglas geben. Rotwein, Zucker und Vanille aufkochen und kochend über die Sauerkirschen gießen. Das Glas verschließen und die Kirschen 2–3 Tage quellen lassen. Die getrockneten Sauerkirschen haben ein wesentlich kräftigeres Aroma als frische und behalten auch ihre Konsistenz besser. 4 gehäufte EL Kirschen, 2 EL Kirschfond aus dem Glas und die Butter in eine kleine Pfanne geben. Bei mittlerer Hitze köcheln lassen, bis die Kirschen in diesem Sirup ganz aufgequollen und von dem Sirup umhüllt sind.

Die kleinen Morcheln mindestens 1 Stunde in kaltem Wasser einweichen. Dabei das Wasser öfter wechseln: die Morcheln vorsichtig von oben aus dem Wasser nehmen, damit sich der Sand am Gefäßboden absetzen kann. Die Eier trennen. Eigelbe mit 20 g Zucker, Vanille und Salz schaumig rühren, Eiweiß mit 25 g Zucker steif schlagen. Eigelb abwechselnd mit Mehl und der flüssigen Sahne glatt rühren. Die flüssige Butter untermengen und zum Schluss das steif geschlagene Eiweiß unterheben. In einer großen flachen Pfanne die Morcheln in Traubenkernöl und Butter anbraten.

Den Teig darüber gießen (Vorsicht: nicht zu heiß werden lassen, da die Butter sonst verbrennt). Den Schmarrn im vorgeheizten Ofen bei 220 °C backen, bis er schön braun ist. Das dauert in etwa 6–8 Minuten. Mit 2 Gabeln grob zerreißen und in der heißen Pfanne nochmals durchschwenken und mit Puderzucker bestäuben.

Den Schmarrn auf vier Tellern anrichten. Den Frischlingsrücken in der Mitte durchschneiden und darauf anrichten. Kirschen und Jus außen herum geben und servieren.

Zimtblüten

Zimtblüten, Zimtnelken, diese beiden Begriffe werden für die meisten von Ihnen böhmische Dörfer sein. Wenn ich mal wieder ganz ehrlich bin, ging es mir vor nicht allzu langer Zeit noch genauso. Die erste Begegnung mit Zimtblüten war eher reserviert, vorsichtig und skeptisch. Das liegt wahrscheinlich daran, dass ich zu Zimt im Allgemeinen schon eine sehr schwierige Beziehung habe. Den Grund dafür kenne ich wohl, und das schon seit einigen Jahren: Sobald man, egal wo, einen Apfelkuchen oder -strudel bestellt, fallen einem zuerst die bräunlich verfärbten Äpfel auf. Nein, sie waren beim Schneiden nicht ein bisschen zu lange der Luft ausgesetzt. Es war die lockere Hand des Konditors, des Bäcker oder der Hausfrau, die die Braunfärbung verursacht und damit einen Zimtangriff auf meine Zunge und meinen Gaumen geführt hat. Wenn ich Appetit auf Zimtkuchen gehabt hätte, hätte ich mir einen Zimtkuchen bestellt. So habe ich aber einen Apfelkuchen bestellt, und der schmeckt nun ausschließlich nach Zimt. Wäre es ein guter Zimt, Zimtblüten oder Cassia vera, dann würde das eventuell noch angehen. Aber nein, Unmengen von hellbraunem, feinst zermahlenem Ceylonzimt mussten es sein. Zurück zur Zimtblüte: Unser erstes Zusammentreffen ist dann doch wesentlich positiver ausgefallen, als ich zu Anfang befürchtet hatte. Ich muss sogar sagen, dass wir uns mittlerweile sehr eng angefreundet haben – wegen ihres total überzeugenden Aromas. So sehr sogar, dass ich meinen Zimtverbrauch in der Mühle weitgehend zu Gunsten der Zimtblüte verändert habe. Die Zimtblüte verschließt sich zunächst dem „Riechenden" und gibt lediglich geringe Aromen frei. Was mir eigentlich gleich zu Anfang sehr gut gefallen hat. Sobald man diese kleinen Knospen jedoch im Mörser auch nur einmal mit dem Stößel berührt hat, ist man von ihrem „Zimtzauber" total gefangen. Ein süßlich-würziger, fast etwas pfeffriger Duft entströmt den Zimtpartikeln, der aber sehr fein auf mich wirkt. Mit gemahlenen Zimtblüten sollte man also sparsam umgehen. Ein nützlicher Tipp könnte sein, die Zimtblüten in Eiscremes, Kompotten oder Saucen einfach ganz einzulegen und ziehen zu lassen, bis die gewünschte Konzentration erreicht ist. So kann sich das Zimtaroma durch Auslaugen nicht weiter verstärken, sobald die Zimtnelken entfernt sind.

Der mit Zimtblüten gespickte bretonische Hummer ist ein Gericht, das ich in der Tat geträumt habe. Das ist mir vorher wirklich noch nie passiert. Dass dieses Gericht so zart, subtil und fein war und in keinster Weise vom Zimt dominiert, liegt ganz sicher an der Person, die in dem Traum das Gericht mit mir zusammen zubereitet hat.

Kommentar von J. Dollase: Zimtblüten unterscheiden sich von der normalen Zimtstange durch ein sehr viel feineres Aroma. Insofern braucht man also nicht zu befürchten, das der empfindliche Hummer hier durch ein viel zu plakatives Gewürz übertüncht wird. Weil der Hummer nur eine sehr kurze Garzeit braucht, ist eine dezente Aromatisierung davon abhängig, dass man eine Technik findet, die ihm etwas Zeit läßt, überhaupt ein Aroma aufzunehmen. Die 10 Minuten in warmer Butter können auch etwas überschritten werden, wobei man die Temperatur nach dieser Zeit leicht absenken kann. Die Clementinenbutter wird durch den Gebrauch von Salzbutter „kulinarischer", weil die Butter die Süße ausgleicht und so vor allem das Fruchtaroma bleibt. Es ergibt sich eine ganz hervorragende Hummerkreation, die das Hummeraroma weiterführt und nicht überdeckt. Außerdem wird das Fleisch des Hummers durch die Gartechnik besonders zart und angenehm, weil er mit der Butter nicht austrocknen kann.

Bretonischer Hummer

mit Zimtblüten gespickt in gesalzener Clementinenbutter und Verveine

Bretonischer Hummer

2	lebende bretonische Hummer (à 500–600 g)
6	ungespritzte Clementinen
500 g	Salzbutter
50 g	heller Rohrzucker
2 cl	Mandarinenlikör
24	große ganze Zimtblüten
80 g	feine Nudeln oder Spaghettini
20 g	Butter

Die lebenden Hummer mit dem Kopf zuerst schnell in sprudelnd kochendes Wasser geben. 90 Sekunden kochen, herausnehmen und in reichlich eiskaltem Wasser abschrecken. Diese Kochzeit sollte auf keinen Fall überschritten werden. Die Hummerschwänze mit einem Dreh vorsichtig herausziehen, damit das Hummerfleisch nicht abreißt. Die Scheren ebenso vorsichtig abbrechen. Sollte in den Hummern eine dunkelgrüne Masse vorhanden sein, diese unbedingt aufbewahren, in eine Pfanne ohne Fett geben und bei ca. 180 °C so lange in den Backofen geben, bis sich das Grün in ein strahlendes Rot verwandelt hat. Dieses so genannte Corail herausnehmen, auskühlen lassen und mit einem großen Messer fein hacken. In ein Gläschen geben und kühl stellen.

Die Clementinen halbieren und den Saft auspressen. Das Fruchtfleisch sorgfältig auskratzen. Die Salzbutter bei 60–70 °C schmelzen, die Clementinenschalen zugeben und mindestens eine Stunde bei dieser Temperatur ziehen lassen. Die Clementinenschalen entfernen. Den Clementinensaft mit Rohrzucker und Likör in einem Töpfchen auf zwei Esslöffel einkochen. Das Töpfchen abdecken, damit der Sirup keine Haut zieht. Jeweils einen Hummerschwanz auf ein Schneidebrett legen und mit einem Küchenmesser der Länge nach halbieren: gut festhalten, damit er nicht abrutscht! Den Darm entfernen. Die Hummerschwänze mit je 6 Zimtblüten spicken und so in die warme Butter legen dass sie gut bedeckt sind. Etwa 10 Minuten ziehen lassen. Die Temperatur von etwa 70 °C unbedingt halten, damit sich die Butter nicht klärt. Das erkennt man daran, dass ständig einzelne Molkeblasen aufsteigen, ohne dass sich die Butter klärt oder gar bräunt.

Die Nudeln kochen, kurz abschrecken und mit einigen Tropfen Wasser und der Butter erhitzen.

Anrichten

4–6	frische Verveineblätter
1 Msp.	gemahlene Zimtblüten
4	Verveinespitzen

Die Verveineblätter in hauchfeine Streifen schneiden. Die Nudeln als kleine Nester auf tiefen Tellern anrichten, die Hummerschwänze darauf setzen und mit dem Clementinensirup beträufeln. Die Verveinestreifen darüber streuen und mit den gemahlenen Zimtblüten bestreuen. Wenn vorhanden, kann man mit dem gehackten Corail wundervolle farbliche wie aromatische Akzente setzen. Mit je einer Verveinespitze dekorieren.

Tipp: *Die Qualität dieses Gerichtes steht und fällt mit der gleich bleibend niedrigen Zubereitungstemperatur!*

Pfeffer

Jamaicapfeffer oder Piment

Der Jamaicapfeffer oder Piment, der oft auch wegen seines an Gewürznelken erinnernden Duftes Nelkenpfeffer genannt wird, ist ebenso wie der Lorbeer und die Nelke ein Myrtengewächs. Diese botanischen Feinheiten sind für Sie in der Küche eigentlich weniger relevant. Interessant ist nur, dass Sie durch diese Information Gründe für aromatische Parallelen finden und manche Kombination oder Kreation plötzlich logisch wird.

Wir haben in unserem Programm zwei verschiedene Arten von Pimentkörnern, die, obwohl sie beide der gleichen Familie entstammen, unterschiedlicher nicht sein könnten: Der Jamaica-Piment ist außen gleichmäßig glatt, rund und wohlgeformt, sein Duft komplex, an Nelken und Pfeffer erinnernd, und frisch. Der Guatemala-Piment ist außen uneben, ungleichmäßig, dennoch auch optisch ansprechend und im Aroma holziger, ruppiger, leichter. Mein Favorit ist der Jamaica-Piment.

Piment ist ein Gewürz, das wesentlich weiter verbreitet und genutzt ist, als man vielleicht glauben mag. Es ist ein und viele Gewürze in einem. In den USA bezeichnet man Piment gerne als All-Spice, was bei seiner Aromenvielfalt sicherlich keine Übertreibung ist. So passt er zum Beispiel sehr gut zu Rot- oder Sauerkraut, zu Sauerbraten und vielen Suppen und Schmorgerichten. In Pickles, Relishes und Chutneys ist er nicht wegzudenken, ebenso wenig wie in sehr vielen Gewürzmischungen: Quatre-Epices, Lebkuchengewürz, Currys sowie Pasteten- und Terrinengewürze, um nur ein paar Beispiele zu nennen. Piment lässt sich hervorragend mit Gewürznelken, Macis, Muskatnuss, schwarzem Pfeffer und Lorbeer kombinieren. Man sollte jedoch immer auf der Hut sein, ihn zu stark zu dosieren. Unsere Zubereitung der Dorade zeigt, dass Piment nicht unbedingt für Kraft und starke Aromen stehen muss, sondern auch Subtilität demonstrieren kann, wenn man mit ihm umzugehen weiß.

Nicht zu verwechseln ist Piment mit der französischen Bezeichnung „Piment“ für Chili oder Paprika, wie zum Beispiel Piment de Espelette oder Piment doux, der süße Paprika.

Kommentar von J. Dollase:
Die Dorade haben wir normalerweise ziemlich selbstverständlich „mediterran“ in unserem kulinarischen Gedächtnis, allerdings dann eben mehr in Zubereitungen mit mediterranen Gemüsen. Die nordafrikanischen oder vorderasiatischen Versionen sind mindestens genau so zahlreich, und sie sind eigentlich besonders interessant und vielfältig. Wenn man sich erst einmal an die Vielfalt der Aromen und eine gewisse Süße gewöhnt hat, erschließt sich ein sehr spezielles Spektrum, das die gleiche Raffinesse haben kann wie die mitteleuropäischen Zubereitungen. In diesem Rezept gibt es zwei Auffälligkeiten. Einmal die Garung der Dorade, die man in dieser unterbrochenen Form häufig bei Profis findet, aber so gut wie nie in Büchern für Hobbyköche. Nach dem Anbraten zieht der Fisch bereits ein gutes Stück durch. Das abschließende Überglänzen mit Butter wirkt sich speziell bei der aromatisch etwas schwierigen Dorade sehr positiv aus. Zum anderen sind es die Gewürzmischungen von Ingo Holland, die so gut und speziell sind, dass man ohne sie bei weitem nicht die Qualität in dieses Rezept bekommt wie mit ihnen.

Dorade royale

mit Jasminblüten und Piment gebraten auf Pinien-Couscous und Rosenessigglace

Dorade

2	Doraden royal (500–600 g) oder › 4 Doradenfilets (à 120–130 g)
	Salz
	schwarzer Pfeffer aus der Mühle
	Mehl
4 EL	Olivenöl
2 TL	Honig
8	Pimentkörner
1 EL	getrocknete Jasminblüten
20 g	Butter

Die Doraden ordentlich schuppen, ausnehmen und filetieren. Die Doradenfilets salzen, pfeffern und auf der Hautseite gut mit Mehl bestäuben. In einer Pfanne mit 2 EL Olivenöl auf der Hautseite anbraten, bis sie appetitlich braun sind. In eine mit dem restlichen Olivenöl ausgestrichene Pfanne mit der Hautseite nach oben nebeneinander setzen und auskühlen lassen. Die Filets mit dem Honig in dünnen Fäden benetzen. Pimentkörner grob zerstoßen und die Filets damit bestreuen. Die Jasminblüten zwischen den Fingern zerreiben und ebenfalls über die Filets streuen. Die Butter in kleinen Flocken darauf verteilen und die Pfanne beiseite stellen. Wenn der Couscous fertig ist, die Pfanne mit den Doradenfilets auf die oberste Schiene des auf 230 °C vorgeheizten Ofens stellen. Sobald die Butter geschmolzen ist, den Fisch damit übergießen.

Couscous

100 g	grobes Couscous
20 ml	Olivenöl
30 g	eingeweichte Korinthen
50 g	geröstete Pinienkerne
	Salz
1	gestr. TL Raz el Hanout › (aus eigener Produktion)
1 Msp.	Garam Masala › (aus eigener Produktion)

Den trockenen Couscous in ein Sieb geben und mit kaltem Wasser übergießen. Diesen Vorgang solange wiederholen, bis der Couscous genug Feuchtigkeit aufgenommen und keinen harten Biss mehr hat. Das Olivenöl in der Pfanne erhitzen, Couscous, Korinthen und Pinienkerne langsam darin erhitzen und sofort mit Salz abschmecken. Wenn der Couscous heiß ist, die Gewürze zugeben und gut durchmischen. Abdecken und warm stellen.

Rosenessigglace

100 ml	weißer Balsamessig
30 ml	Rosenwasser
30 g	kalte Butter

Balsamessig und Rosenwasser auf etwa die Hälfte einkochen und mit der kalten Butter aufmixen.

Anrichten

2	getrocknete Rosenblüten

Den Couscous heiß auf den Tellern als flachen Sockel anrichten. Die Filets darauf platzieren, mit der Essigglace umgießen und mit Rosenblütenblättern dekorieren.

Langer Pfeffer

Der lange Pfeffer ist außer dem uns bekannten schwarzen, weißen oder grünen Pfeffer der einzige, der sich ganz rechtmäßig mit dem Namen Pfeffer schmücken darf, denn auch er ist in der botanischen Bezeichnung ein Piper. Und dennoch fällt es nicht ganz leicht zu glauben, dass er tatsächlich ein rechtmäßiger Verwandter dieser kleinen und elitären Familie ist. Denn der lange Pfeffer ist, wie der Name schon sagt: lang und schaut eigentlich eher wie ein getrocknetes Birken- oder Haselnusskätzchen aus. Die Früchte werden bis zu 4 oder 5 cm lang, wachsen aber nicht, wie man es vielleicht erwarten würde, hängend nach unten, sondern stolz und aufrecht stehend an dem dazugehörigen Pfefferblatt des Piper longum.

Erstaunlich ist der geringe Bekanntheitsgrad des langen Pfeffers in unseren Regionen, denn eigentlich ist der lange Pfeffer der älteste, den man in Europa kennt. Vielleicht hat das mit seiner indonesischen Herkunft zu tun. Die ersten Gewürzreisen führten die europäischen Abenteurer und Händler auf die Banda-Inseln, das heutige Indonesien. Dort war der lange Pfeffer sehr verbreitet. Der Grund, warum man ihn heute bei uns kaum noch kennt, liegt sicher an seinem eigenwilligen Aroma, das nicht gerade jedem Geschmack entgegenkommt. Die Römer jedoch schätzten dieses Pfeffergewächs schon sehr und bezahlten das Dreifache des Preises für schwarzen Pfeffer. Man sollte sich von dem duftigen, fast süßlichen Aroma des langen Pfeffers nicht blenden lassen, denn nur wer es scharf mag, sollte diesen Pfeffer in den Gerichten auch hoch dosieren.

Langer Pfeffer ist um einiges schärfer als schwarzer und weißer Pfeffer. Ich verwende langen Pfeffer gerne in Mischungen wie Raz el Hanout, Melange noir und in unserem Glühweingewürz. Pur arrangiert er sich, selbstverständlich sparsam dosiert, mit Jakobsmuscheln, Wild oder auch Lammbraten.

Tipp: Versuchen Sie nie, ihn in der Pfeffermühle klein zu kriegen, denn er wehrt sich und stellt sich quer. Im Mörser lässt er sich ebenso gut zerkleinern wie alle anderen Gewürze. Sehr wichtig und eigentlich unentbehrlich ist er für die ayurvedische Küche und ihre verschiedenen Churnas.

Kommentar von J. Dollase: Wer einmal gelernt hat, sich konsequent und sicher mit Gewürzen und selteneren Aromen zu beschäftigen, kann auch wieder einmal hingehen und so weit verbreitete Produkte wie den geräucherten Lachs bearbeiten. Dieses Gericht hat jedenfalls mit den Klischees vom Räucherlachs überhaupt nichts zu tun, sondern ist eine sehr moderne Kreation mit einem außergewöhnlich komplexen Aromenspektrum von süß bis herb. Der Lachs wirkt in diesem Zusammenhang ausgesprochen edel und ein wenig wie wiederentdeckt. Ganz besonders erwähnen sollte man den langen Pfeffer, der ein völlig anderes Aroma hat als die „normaleren" Pfeffersorten. Wegen eines hohen Anteils an ätherischen Ölen wirkt er „belüftend" und – trotz seines ungewöhnlichen Aromas – sehr fein. Wenn sie ihn auch noch mit Kubeben (und vielleicht einem oder zwei leicht unterschiedlichen anderen Pfeffern) kombinieren und grob mörsern, haben Sie eines von Ingo Hollands Spezialgewürzen (Melange noir), das eine hervorragende Wirkung in vielen Bereichen haben kann.

Für 4 Personen

Tranche vom Rauchlachs

mit violettem Weinhefesenf und langem Pfeffer gebraten auf lauwarmer Kalbsbacke und Dattelvinaigrette

Rauchlachs

4	Tranchen Rauchlachs (à 80 g)
2 EL	violetter Weinhefesenf
1 TL	grob gestoßener langer Pfeffer
	Mehl
1 EL	Pflanzenöl

Die Lachstranchen auf der Oberseite dünn mit dem violetten Senf bestreichen. Den gestoßenen langen Pfeffer darauf streuen. Die mit Senf bestrichene Seite kurz in das Mehl legen. Das Öl in der Pfanne erhitzen und den Lachs vorsichtig auf der Senfseite einlegen. Wenn die Temperatur stimmt, brät die Senfschicht in etwa 3 Minuten braun. Wenden und 1 Minute auf der anderen Seite braten. Sofort servieren.

Dattelvinaigrette

4	frische kalifornische Datteln
70 ml	Traubenkernöl
30 ml	Dattel-Balsamessig
30 ml	Kochbrühe (von den Kalbsbacken)
	Natursalz
	weißer Pfeffer aus der Mühle
1 EL	grob gehackte Walnüsse

Den Datteln die Haut abziehen, entkernen und in sehr feine Würfel schneiden. Aus Traubenkernöl, Dattel-Balsam, Brühe, Salz und Pfeffer eine Vinaigrette rühren. Die Datteln und die Walnüsse zugeben.

Kalbsbacken

2	parierte Kalbsbacken
1,5 l	Wasser
50 g	Natursalz
200 ml	Weißweinessig
1	mittelgroße Gemüsezwiebel
1	Lorbeerblatt
2	Gewürznelken
6	Wacholderbeeren
1 TL	schwarzer Pfeffer
2	Knoblauchzehen

Die Kalbsbacken in einem Topf mit Wasser, Salz und Weißweinessig zum Kochen bringen. Eine Spickzwiebel mit Lorbeerblatt und Gewürznelken und die übrigen Gewürze zugeben. Den beim Kochen sich bildenden Schaum stets abschöpfen, damit die Brühe klar bleibt. Nach 1-1,5 Stunden sind die Kalbsbacken weich, aber nicht so, dass sie zerfallen. Vorsichtig aus der Brühe nehmen, mit einem feuchten Küchenkrepp abdecken und zum Auskühlen beiseite stellen.

Anrichten

Die Kalbsbacken in hauchdünne Scheiben schneiden und auf einen Teller legen. Die Vinaigrette kurz aufkochen und die Scheiben damit übergießen. Die Lachstranche darauf setzen und eventuell etwas Kräutersalat anlegen.

Mönchspfeffer

(auch Agnus castus oder Keulschlammfrüchte genannt)

Wieder einmal ein Gewürz mit der Bezeichnung „Pfeffer" im Namen, ohne ein Pfeffer zu sein. Es gehört interessanter Weise zu der großen Familie der Eisenkrautgewächse. In einer Beschreibung zu diesem Gewürz, die ich gerade vor mir liegen habe, wird der Mönchspfeffer mit schwachem Aroma und bitter-scharfem Geschmack beschrieben. Den bitter-scharfen Geschmack kann ich teilweise gelten lassen, dem schwachen Aroma jedoch keinesfalls beipflichten. Wenn Sie ein Gefäß öffnen, in dem Mönchspfeffer enthalten ist, strömt Ihnen ein Geruch entgegen, der im ersten Moment an Eisen erinnert, an Thymian, feinste Aromen von Lavendel und Rosmarin. Deswegen verwende ich den Mönchspfeffer gerne für sehr dunkles und blutig zu bratendes Fleisch wie etwa Reh, aber auch Hirsch und Wildgeflügel. Ganz hervorragend passt er, im Mörser zerstoßen, meines Erachtens zu einer Bluttaubenbrust. Das im kräftig roten Fleisch der Taube enthaltene Blut harmoniert außergewöhnlich gut mit den Aromen dieses Pfeffers. In Deutschland wird der Mönchspfeffer kaum genutzt. Ich verwende ihn auch in einer Gewürzmischung, und ganz klassisch wird er im Raz el Hanout eingesetzt.

Außerhalb der Küche kommen die Keulschlammfrüchte in der Frauenheilkunde zu Ehren. Den Namen Mönchspfeffer hat er aus dem Grund bekommen, weil er angeblich eine Wirkung als Anaphrodisiakum hat, was das genaue Gegenteil eines Aphrodisiakums ist. So verabreichte man den Mönchen im Kloster, die einige Probleme mit der gelegentlich sehr schwierigen Einhaltung des Zölibats hatten, den so genannten „Agnus castus". Im Lateinischen steht Agnus für Lamm, castus bedeutet soviel wie sittenrein und keusch. Also immer schön aufpassen beim Kochen, dass man nicht zuviel davon benutzt.

Kommentar von J. Dollase: Bluttaube, und dann auch noch mit Blutwurst? Es führt kein Weg an der Erkenntnis vorbei, dass ein minimaler Blutgeschmack bei der Taube einfach so dazu gehört wie bei einem guten Rinderfilet. Die Würzung mit den zwei Pfeffersorten – am besten immer frisch gemahlen bzw. zerstoßen – erweitert das Taubenaroma beträchtlich. Die Blutwurst hat in diesem Zusammenhang aber nichts mehr mit „Blut“ zu tun, sondern liefert in dieser Zubereitung mit der leicht gebackenen Mehlkruste eine feine Herzhaftigkeit oder auch eine gewisse Rustikalität – je nach Dosierung. Das Brot spielt hier übrigens eine wichtige Rolle. Es saugt sich leicht mit den verschiedenen Aromen voll, behält aber noch etwas vom typischen Brot-Biss. Das Ganze schmeckt sehr süffig und abgerundet und ist so ziemlich das Gegenteil von den eingepackten und nur indirekt gegarten Taubenbrüstchen, die man sonst in der Spitzenküche findet. In dieser Version wird die Taube wesentlich vielfältiger präsentiert.

Für 4 Personen

Bluttaubenbruststreifen

mit Mönchspfeffer auf Salat von Röstbrot und fränkischer Blutwurst

Bluttaubenbruststreifen

2 Bluttauben
2 EL Pflanzenöl
1 kleine Karotte
1 kleine Selleriestange
1 kleine Zwiebel
2 TL Tomatenmark
250 ml Rotwein
1 Lorbeerblatt
2 Knoblauchzehen
2 cl roter Portwein
Natursalz
schwarzer Pfeffer (Malabar)
1 TL fein gestoßener Mönchspfeffer
10 g Butter
1 EL dunkler Balsamessig

Salat

2 nicht zu große Scheiben Sauerteigbrot
2 EL Pflanzenöl
100 g Blutwurstscheiben (½ cm dick)
70 ml Traubenkernöl
30 ml weißer Balsamessig
Salz
weißer Pfeffer aus der Mühle
1 TL heller Rohrzucker
½ TL Dijon-Senf
2 Hände voll geputzter Salat
› (Frisée, Chicorée, Löwenzahn
› und feiner Trevisano)
Mehl
1 fein gehackte Schalotte
½ Bund Schnittlauch

Anrichten

30 g kalte Butter
Rauchsalz

Die Tauben ausnehmen und nur die Lebern aufbewahren. Die Keulen abtrennen und am besten eingefrieren (zum Beispiel für den Linseneintopf mit Taubenkeule und Asafoetida). Dann die Brust auslösen: mit einem spitzen kleinen Messer das Fleisch am Brustbein entlang einschneiden und am Knochen entlangfahren. Das Gelenk durchtrennen und auf der anderen Brustseite ebenso verfahren. Das Knochengerüst, die Karkasse, 2–3-mal durchhacken. In einem flachen Topf 1 EL Öl erhitzen und die Taubenknochen und Abschnitte darin anbraten. Das Gemüse waschen, die Zwiebel schälen und alles in 1 cm große Stücke schneiden. Zu den gebräunten Taubenknochen geben und mitrösten. Wenn auch das Gemüse Farbe angenommen hat, das Tomatenmark zugeben und 3 Minuten mitrösten. Mit der Hälfte des Rotweins ablöschen und unter Rühren einkochen. Die zweite Hälfte Wein darauf gießen, Lorbeer und Knoblauch dazugeben und ebenfalls einkochen. Mit einem halben Liter kaltem Wasser auffüllen und aufkochen lassen. Die Hitze reduzieren, sodass der Fond nur leicht köchelt. Das dauert etwa 1,5 Stunden. Dabei stets den sich bildenden Schaum abschöpfen, damit der Fond nicht trübe wird. Den Fond durch ein feines Tuch gießen. In einem anderen Töpfchen den Portwein so weit einkochen, bis fast keine Flüssigkeit mehr vorhanden ist. Den Taubenfond darauf gießen und auf etwa 50 ml einkochen. Abdecken und beiseite stellen. Die Taubenbrüste mit Salz, schwarzem Pfeffer und Mönchspfeffer würzen. In einer Pfanne das restliche Öl erhitzen und die Brüste auf der Hautseite anbraten, bis sie schön braun sind. Umdrehen und bei 150 °C etwa 8 Minuten in den Ofen stellen. Die gewürfelte Leber in Butter heiß anbraten und mit dem Essig ablöschen.

Das Brot in wenig Öl kross rösten. Auf Küchenkrepp legen und abtropfen lassen. In 1 cm große Rauten schneiden. Die Blutwurst in ebenso große Rauten schneiden. Aus Traubenkernöl, Balsamessig, Salz, Pfeffer, Zucker und Senf eine Salatsauce rühren. Nicht zu mild abschmecken. Die Blattsalate mit einem Viertel des Dressings anmachen und als Bouquets auf die Teller setzen. Die Blutwurstrauten mit Mehl bestäuben und in dem restlichen Fett heiß anbraten. Die gehackte Schalotte sowie das Brot dazugeben. Durchmischen und mit der restlichen Vinaigrette ablöschen. Schnittlauch in Röllchen darüber streuen.

Den Brotsalat neben den Salatbouquets anrichten. Die rosa gebratene Taubenbrust aus dem Ofen nehmen, in Streifen schneiden und auf dem Brotsalat anrichten. Die Butter in die heiße Sauce einschwenken, Leber dazugeben und die Bruststreifen damit nappieren. Einige Rauchsalzkristalle darüber streuen: der Rauchgeschmack und die knackigen Kristalle vollenden die Freude an diesem Gericht.

Paradieskörner oder Meleguettapfeffer

Man sollte meinen, dass etwas mit einem solch sinnlichen Namen auch einen betörenden Duft verströmen würde. So dachte auch einer meiner Gewürzamtkunden, der einmal aufgrund des viel versprechenden Namens, doch ohne das Produkt zu kennen, diese Paradieskörner bestellte. Die Enttäuschung über ein nahezu geruchloses Gewürz war groß. Die Reklamation folgte auf dem Fuß. Mit der Begründung, die Paradieskörner würden überhaupt nicht paradiesisch duften, bekam ich die Sendung postwendend zurück. Schade, dass er nicht vorher gefragt hatte. Ich verwende Paradieskörner allerdings auch nicht sehr oft, aber immer mal wieder sehr gerne in meiner Küche. Der Meleguettapfeffer hat sehr wohl eine Schärfe, die sich allerdings sehr subtil und elegant präsentiert. Kein Vergleich mit der Schärfe eines schwarzen oder weißen Pfeffers. Mir kommt es bei diesem erstaunlicherweise den Ingwergewächsen zugehörigen Gewürz, das vom Aroma rein gar nichts mit dem Rest seiner Familie zu tun hat, weniger auf die Aromatik als vielmehr auf die Haptik an. Das Korn dieses auch Guineapfeffer genannten Gewürzes ähnelt in der Form sehr einem Kardamomsamen, der Farbton ist allerdings nicht grau, sondern weist eher ein angenehmes Haselnussbraun auf.

Wenn man die Paradieskörner im Mörser grob zerstößt und Fisch oder Fleisch darin wälzt, ergibt sich beim Braten eine angenehm pikante, nicht scharfe, aber wundervolle knusprige Hülle. Mit keinem anderen Produkt, ob Nuss oder Gewürz, habe ich eine vergleichbar knackige Hülle gezaubert wie mit diesen Paradieskörnern. Zumal das wirklich feine Aroma den Geschmack des so veredelten Grundprodukts immer für sich stehen lässt und nie überdeckt.

Der Meleguettapfeffer, heute in unseren Küchen nahezu unbekannt, war früher ein sehr begehrtes Gewürz. Im 15. Jahrhundert, als man den Seeweg nach Indien und Indonesien noch nicht kannte, waren die Gewürze aus Afrika sehr gefragt. Zu dieser Zeit kamen die Paradieskörner von der westafrikanischen Pfefferküste, dem heutigen Ghana, von der Elfenbeinküste, Nigeria und Togo. Ghana ist auch heute noch der größte Produzent und Exporteur von Paradieskörnern. Interessanterweise werden die Körner in den Ländern, wo sie zuhause sind, nicht nur verarbeitet, sondern auch im Ganzen gekaut, was den Körper wärmen soll.

Außer pur in meiner Küche werden die Paradieskörner auch zum Mischen von Lammgewürz, Fisch- und Sushigewürz und vor allem von Raz el Hanout verwendet.

Kommentar von J. Dollase:
Bei der Makrele empfiehlt sich grundsätzlich eine ganz extreme Frische, weil sie sonst ein deutlich schwächeres Aroma hat und schnell tranig schmecken kann. Die Paradieskörner sind zwar auch unter dem Namen Meleguetapfeffer bekannt, stammen aber eigentlich von einem afrikanischen Ingwergewächs (Aframomum melegueta) und sind dessen Samen. Mit ihrer kräftigen Schärfe sind sie ein belebendes Element für das Makrelenfleisch. Die Begleitung durch eine weitere süße Tomatenvariante und den herzhaften Olivenkuchen zeigt ein mediterranes Verständnis, wie es leider bei uns sehr selten eingesetzt wird. Uns ist meist weder der sehr ansprechende Kontrast von Süße und Säure/Schärfe geläufig (oder nur in der schrecklich penetranten Form vieler Hamburger), noch die Verwendung von Brotvarianten als Element eines kulinarisch anspruchsvollen Gerichtes. Beide Elemente sind geeignet, das aromatische und sensorische Spektrum deutlich auszuweiten. Die Olivenöl-Balsamico-Sauce sollte man nicht vollständig homogen vermischen, weil sonst die Einzelaromen nicht so gut durchkommen.

Für 4 Personen

Makrele mit Paradieskörnern

gebraten auf Olivenkuchen und Tomatenkonfitüre

Olivenkuchen

100 g	Mehl
1	Ei
50 ml	Olivenöl
	Natursalz
1 TL	Backpulver
	Mineralwasser nach Gefühl
50 g	getrocknete Tomaten
70 g	schwarze getrocknete Oliven
50 g	fein geriebener Peccorino

Tomatenkonfitüre

100 ml	weißer Balsamico
130 g	heller Rohrzucker
2	Sternanis
2	Gewürznelken
2	fein gehackte Bird-Eye-Chili
1	fein gehackte Schalotte
2	fein gehackte Knoblauchzehen
500 g	geschälte Tomaten
1 TL	gehacktes Basilikum
	Natursalz
1 EL	edelsüßer Paprika

Makrelen

2	Makrelen (à 300 g)
	Natursalz
2 EL	grob gestoßene Paradieskörner
	Mehl
2 EL	Olivenöl

Anrichten

2	nicht zu reife Strauchtomaten
4 EL	Olivenöl
	Natursalz
4	Basilikumspitzen
1 EL	bester alter Balsamicoessig

Mehl, Ei, Olivenöl, Salz und Backpulver mit einem Schneebesen glatt rühren und mit dem Mineralwasser auf die Konsistenz eines weichen Rührkuchens bringen. Tomaten (in Würfel geschnitten), Oliven (grob gehackt) und geriebenen Peccorino mit einem Gummischaber unterheben. Den Teig in eine eingefettete und mehlierte Kastenform füllen. Im Ofen bei 180 °C mindestens 30 Minuten backen. Mit einer Stricknadel oder einem Schaschlikspieß die Garprobe machen: Wenn nichts mehr daran hängen bleibt, ist der Kuchen durch. Äußerst vorsichtig aus der Form nehmen und gut auskühlen lassen.

Balsamico mit Zucker und Gewürzen zum Kochen bringen. Gehackte Schalotte und Knoblauchzehen zugeben und 2 Minuten durchkochen. Die geschälten Tomaten zufügen und bei kleiner Hitze so lange kochen, bis eine glänzende konfitüreartige Konsistenz entsteht. Die ganzen Gewürze entfernen. Basilikum einrühren und mit Salz und Paprika abschmecken. In Gläser füllen und kalt stellen.

Die Makrelen filieren, die Gräten ziehen und die Haut entfernen. Salzen und auf der Seite, wo sich die Haut befand, in die Paradieskörner legen und leicht andrücken. Mit Mehl bestäuben und in heißem Olivenöl anbraten. Wenden und nur kurz auf der anderen Seite anbraten, damit die Makrele saftig bleibt.

Die Tomaten in etwa ½ cm dicke Scheiben schneiden. Auf ein Blech mit Back-Papier legen, das mit etwas Olivenöl bepinselt ist. Salzen und über Nacht in den 50 °C warmen Ofen zum Trocknen schieben. Den Olivenkuchen in 1 cm dicke Scheiben schneiden und in sehr wenig Olivenöl langsam anbraten. Dabei wird der zuvor recht feste Kuchen wieder zart und locker. Den warmen Kuchen auf Teller legen und jeweils 1 TL der Konfitüre darauf setzen. Das glasig gebratene Makrelenfilet darüber legen. Mit getrockneter Tomate und Basilikumspitzen dekorieren. Olivenöl und alten Balsamico mit einem Löffel nur leicht verrühren, bis sich kleine Essigperlen bilden. Um die Kuchenscheiben gießen und servieren.

Grüner Periyar-Pfeffer

Es gibt eine ganze Reihe von Gewürzen, die den Namen Pfeffer tragen, aber rein botanisch gesehen anderen Pflanzenfamilien zugehören. Die echten Pfeffer erkennt man an ihrem botanischen Namen, der immer ein „Piper" enthält – beispielsweise Piper nigrum, Piper album oder Piper longum. Was der Reihe nach schwarzer, weißer und langer Pfeffer bedeutet, auf den wir in einem eigenen Kapitel zu sprechen kommen.

Grüner Pfeffer ist eine relativ neue Erfindung, die in Madagaskar ihre Wiege hat. Dort wird und wurde der grüne Pfeffer, also das unreif geerntete Pfefferkorn, in eine Lake aus Essig und Salz eingelegt. So kann der grüne Pfeffer keine Fermentierung, also eine Art Vergärung, starten, die aus der grünen Fruchthülle eine schwarze machen würde. Diese Konservierung der Farbe und des Zustands kann man heute auch mit Gefriertrocknen erzielen. Ich ziehe jedoch eingelegten Pfeffer vor. Er hat mehr vom Charakter eines grünen Pfefferkorns und suggeriert mehr Frische. Durch das Einlegen verfüge ich über ein saftiges Korn, das sich im Mörser sehr einfach zu einer Paste zerreiben lässt.

Der Periyar-Pfeffer, den ich auch in Weiß und Schwarz im Programm habe, kommt aus der Region Kerala in Südindien. Dort wird in einem knapp achthundert Quadratkilometer großen Naturschutzgebiet ein Projekt der besonderen Art betrieben. Ehemalige Wilderer werden hier zu Wildhütern ausgebildet, die auch Touristen in sehr kleinen Gruppen in die Wildnis führen. Und die Eingeborenen bilden eine Art Genossenschaft, die Gewürze in Bioqualität – teilweise sogar in der Wildnis – pflegen und kultivieren. Ein ehrgeiziges, viel versprechendes Projekt, das nicht nur durch seine Philosophie besticht, sondern auch durch hervorragende Gewürze in mehr als überzeugender Qualität. Aus diesem Gebiet beziehen wir auch Gewürznelken, Zitronengras und hoffentlich bald noch mehr.

Grünen Pfeffer verwende ich gerne zu Lamm, wie in meinem Gericht besprochen, aber auch zu Rind, Gänseleber, für Vinaigrettes usw. Ein kleiner Tipp: Entgegen der landläufigen Meinung kann man Pfeffer durchaus vom ersten Moment an mit braten. Man sollte nur allgemein Fleisch und eben auch die Gewürze nicht zu heiß anbraten, denn das Fleisch mag hohe Temperaturen genauso wenig wie Gewürze. Das Fleisch wird trocken und grau und die Gewürze bitter oder geschmacklos. Grünen Pfeffer muss man übrigens auch nicht so sparsam verwenden wie andere Pfeffer. Durch sein unreifes Stadium bei der Ernte kann er weder ein komplexes Pfefferaroma noch große Schärfe bilden.

Kommentar von J. Dollase: Dieses Lammrezept ist etwas für Freunde einer kräftigen Würze und Schärfe. Beim Essen sollte man ausprobieren, wie viel man jeweils von der intensiven Pfefferkruste auf die Gabel nimmt. Durch die Verwendung komplexer Gewürzmischungen in mehreren Teilen des Gerichtes ergibt sich ein außergewöhnlich nachhaltiger „Gewürzraum" im Mund. Es empfiehlt sich hier, zuerst vom Jus marocain mit etwas Bulgur zu essen und dann erst ein Stück Lamm dazu zu nehmen: der Geschmack wird wesentlich anders sein als umgekehrt. Beim Jus marocain ist sehr deutlich zu erkennen, wie man am besten mit intensiven Gewürzen arbeitet. Die Basis ist mit Lammfond, Rot- und Portwein klassisch, dann kommen die Gewürze dazu und sind sozusagen in eine entwickelte Sauce integriert. Verblüffend finde ich, dass das dann im Grunde so schmeckt, als sei es von Anfang an so gedacht gewesen und nicht eine Mischung aus nordafrikanischer und mitteleuropäischer Küche. Für das grobe Salz auf dem Lamm sollte man beste Sorten Salzblume (Fleur de Sel), vielleicht von der Algarve, nehmen.

Für 4 Personen

Lammrücken mit Periyar-Pfeffer auf Auberginenbulgur mit karamellisierten Cipollinezwiebeln und Jus marocain

Lammrücken

2	Lammrückenstränge mit Fettschicht (à ca. 300 g)
2 TL	grüner Pfeffer (grüner indischer Periyar aus der Lake)
	Salz
30 ml	Pflanzenöl

Auberginenbulgur

150 g	Bulgur
1	große Aubergine
6 cl	Olivenöl
1 EL	gehackte Schalotten
1	kleine gehackte Knoblauchzehe
20 g	Butter
150 ml	Brühe
	Salz
1 Prise	Raz el Hanout

Cipollinezwiebeln

8	kleine flache Zwiebeln (Cipolline)
2 cl	Olivenöl
	Salz
	schwarzer Pfeffer aus der Mühle
20 g	Puderzucker
1 EL	weißer Balsamessig

Jus marocain

50 ml	trockener kräftiger Rotwein
20 ml	roter Portwein
250 ml	brauner Lammfond
1 TL	Harissa
1 Prise	Raz el Hanout
	Salz
	Maisstärke

Anrichten

	grobes Meersalz

Die Fettschicht der Lammrückenstränge auf eine gleichmäßige Stärke von etwa 2 mm zuschneiden und rautenförmig, aber nicht zu tief, einritzen. Den grünen Pfeffer im Mörser zu einer Paste zerreiben und mit einem Messerrücken gleichmäßig dick auf die Fettschicht auftragen. In einer Pfanne mit Pflanzenöl bei mäßiger Hitze etwa 6 Minuten langsam auf der Fettseite anbraten, bis der Pfeffer eine kompakte Kruste bildet. Wenden und weitere 2 Minuten braten. Für etwa 8 Minuten in den auf 170 °C vorgeheizten Ofen schieben und alle 2–3 Minuten mit dem Bratfond übergießen. Aus dem Ofen nehmen, salzen und in Alufolie ruhen lassen.

Den trockenen Bulgur auf ein Sieb geben und mit lauwarmem Wasser übergießen, sodass er die Flüssigkeit aufnimmt und quillt. So oft wiederholen, bis er saftig glänzt und locker fällt, mindestens aber 3–4 Mal. Die Aubergine in 4–5 mm starke Scheiben und danach in Würfelchen schneiden. In dem Olivenöl rundherum kräftig braun anbraten, auf einem Sieb abgießen und das abtropfende Öl auffangen. In diesem Öl Schalotte und Knoblauch anschwitzen, ohne Farbe annehmen zu lassen. Den eingeweichten Bulgur, die Auberginenwürfel, Butter und Brühe zugeben und mit Salz und etwas Raz el Hanout abschmecken. Abdecken und bei kleiner Hitze etwa 12 Minuten quellen lassen. Die Konsistenz sollte wie bei einem festeren Risotto sein.

Die Zwiebeln schälen und in Olivenöl appetitlich braun anbraten. Leicht salzen und pfeffern. Mit der Pfanne für 10 Minuten in den 170 °C heißen Ofen schieben. Herausnehmen, Staubzucker darüber sieben und mit dem Balsamessig ablöschen.

Rot- und Portwein einkochen lassen, bis die Flüssigkeit komplett verdampft ist. Den Lammfond aufgießen und zügig auf ein Drittel reduzieren. Mit Harissa, Raz el Hanout und Salz abschmecken und mit in etwas Rotwein angerührter Stärke binden. Nicht passieren.

Das Fleisch einmal der Länge nach durchschneiden. Den Bulgur als Streifen auf den Tellern anrichten, das Fleisch sofort daraufsetzen und mit grobem Salz bestreuen. Jeweils 2 Zwiebeln darauf anrichten und mit der heißen Sauce umgießen.

Pondichery- oder roter Pfeffer

Roter Pfeffer, eine seltene Pfeffer-Spezialität der Pfefferküste Westindiens. Dort befindet sich die Stadt Pondichery, die diesem rostroten bis rotbraunen, oft auch orangeroten, aber niemals strahlendroten Pfeffer ihren Namen gibt. Meist ist dieser Pfeffer, wie der grüne Pfeffer, in einer Lake aus Salz und Essig konserviert. Diese Art der Farbstabilisierung ist einfacher und unkomplizierter als die Trocknung. Der rote Pfeffer ist nämlich sehr schwierig zu trocknen, weil die reife rote Frucht dazu neigt, sehr schnell zu faulen. Es gibt verschiedene Arten, dies zu unterbinden: entweder mit Zitronensäure oder meist mit Schwefel. Mit Schwefelsulfit muss jedoch sehr vorsichtig umgegangen werden, da bestimmte Mengen keinesfalls überschritten werden dürfen. Einfluss auf die Farbentwicklung hat auch noch der Ort der Trocknung. In der prallen Sonne geht der Trockenvorgang selbstverständlich sehr viel schneller und sicherer über die Bühne, jedoch wird dabei ein großer Teil des in der Hülle vorhandenen Farbstoffes „verbrannt". Im Schatten hingegen bleiben die Farbstoffe wesentlich besser erhalten, doch dann besteht die Gefahr von Fäulnis oder der Bildung von Schimmelpilzen: die Angstgegner jedes Pfefferbauern.

Erwähnen möchte ich an dieser Stelle den Unterschied zwischen rosa Beeren und rotem Pfeffer. Früher bezeichnete ich die rosa Beeren (Schinus terebinthifolius) in Unkenntnis der Tatsachen als unsägliches Gewürz. Diese Aussage muss ich hier mit aller Vehemenz revidieren. Denn die rosa Beeren haben ein sehr interessantes Aroma, das süß-sauer ist und leicht an Wacholder erinnert. Diese Beeren wurden aufgrund der attraktiven Farbe, der runden pfefferkornähnlichen Form, und weil sich eine vierte Farbe in einer gut zu vermarktenden Pfeffermischung schön macht, als „Pfeffer" tituliert. Diesem Namen allerdings kann der Schinus auf gar keinen Fall gerecht werden. Leider muss ich immer wieder feststellen, dass auch Großhändler dieses Gewürz gelegentlich immer noch als roten Pfeffer handeln. Ganz sicher ist die rosa Beere kein günstiger Pfefferersatz, denn sie ist alles, nur nicht billig. Doch zurück zum roten Pfeffer. Er hat wohl mit die schärfste Pfefferqualität, weil er am reifsten geerntet wurde. Durch das am Korn verbliebene Fruchtfleisch ist er aber auch am fruchtigsten und meines Erachtens am aromatischsten. Er schmeckt angenehm nach vollreifen Hagebutten, Berberitzen und leicht nach roten Beeren. Durch diese Aroma-Nuancen ist er, so denke ich, für kurz gebratene Wildgerichten wie Rehrücken oder Rehnüsschen, aber auch, wie in unserem Falle, für Desserts prädestiniert. Trotz seines wundervollen Aromas sollten Sie nun nicht Ihre ganze Küche auf roten Pfeffer umstellen. Wegen seiner Seltenheit ist er auch einer der teuersten Pfeffer. Nicht nur bei uns.

Für 4 Personen

Kommentar von J. Dollase: Es wäre ein großer Gewinn für uns alle, wenn man sich bei den Desserts endlich einmal von dem sehr beschränkten Aromenbild „klassischer“ Desserts verabschieden könnte. Dieser Brownie ist ein Musterbeispiel dafür, welch völlig andere aromatische Struktur ein Dessert annehmen kann. Für die Grundschokolade/Kuvertüre sollte man versuchen, die Sorte „Guanaja“ von Valrhona zu bekommen. Bei den Macadamianüssen lohnen sich durchaus Experimente mit unterschiedlichen Röstgraden (das heißt also: selber rösten) und beim Salz sogar die Überlegung, ob man nicht am Schluss noch einige Körner oben auf den Kuchen gibt. Das kann dann einen Moment wirklich „nach Salz“ schmecken, bringt aber ganz neue Erfahrungen, was die Entwicklung der Aromen angeht. Beim Portwein und dem Banyuls dazu kann man ohne Probleme auch zu besseren Sorten greifen, also etwa einen alten Banyuls oder einen – am besten gut 25 Jahre alten – Colheita-Port einsetzen. Der extrem aromatische Pondichery-Pfeffer kann vielleicht durch eine Kombination von rotem und schwarzem Pfeffer ersetzt werden.

Salt & Pepper Brownie

mit Macadamianüssen, rotem Pondichery-Pfeffer und Maldonsalz

Salt & Pepper Brownie

55 g	bittere Schokolade › (mindestens 70 % Kakaoanteil)
75 g	Butter
2	Eier
100 g	heller Rohrzucker
½ TL	gemahlene Vanille
55 g	gesiebtes Mehl
55 g	geröstete Macadamianüsse
1 TL	gestoßener roter Pondichery-Pfeffer
½ TL	Maldonsalz

Die Schokolade mit der Butter langsam schmelzen lassen. In einer separaten Schüssel Eier, Zucker und Vanille cremig schlagen. Das Mehl, die ganzen Nüsse und den roten Pfeffer miteinander vermischen. Die Schokoladen-Butter mit den geschlagenen Eiern vermischen und die trockenen Zutaten vorsichtig unterheben. Dabei ist zu beachten, dass die Masse nicht ganz glatt gerührt, sondern marmoriert sein soll. Den Teig etwa 2 cm hoch in eine gut eingefettete Kasten- oder Springform füllen und das Salz darauf streuen. Bei 175 °C im Ofen backen. Einen Zahnstocher oder Schaschlikspieß nach ungefähr 25 Minuten in den Kuchen stechen und wieder herausziehen. Bleibt daran nichts mehr hängen, ist der Kuchen fertig.

Auskühlen lassen und erst dann aufschneiden.

Tipp: *Ein Glas Portwein oder Banyuls dazu: der absolute Genuss.*

Szechuanpfeffer

Szechuanpfeffer ist, wie unschwer am botanischen Namen zu erkennen ist, kein Angehöriger der echten, aber kleinen Pfefferfamilie. Dennoch erfüllt er einige typische Attribute eines echten Pfeffers. Er ist nicht auf dieselbe Art pikant wie ein echter Pfeffer, ist aber doch mit mäßig bis sehr scharfen Elementen ausgestattet. Die eigenwillige Schärfe könnte man auch als betäubend beschreiben. Aber wer will schon Pfeffer pur genießen? In der Küche mit Fleisch, Geflügel usw. relativiert sich dieses Gefühl ganz schnell. Dafür bleibt aber dieser exotische, kräftig zitronige Duft, der sich so wunderbar mit Ingwer, Zitronengras und Frühlingslauch kombinieren lässt. Dieser Pfeffer schreit geradezu nach asiatischer Küche, und nicht nur wegen seines fernöstlichen Namens. Das Wichtigste beim Szechuanpfeffer ist interessanterweise das, was man normalerweise wegwirft: Die rotbraune Schale ist der Aromenträger. Der kleine schwarze Kern, die Saat, ist eigentlich wertlos, denn sie trägt keinen verwertbaren Geschmack in sich. Deswegen wird sie so gut wie möglich abgesiebt – oder sollte es zumindest.

Mein Wissen über den Szechuanpfeffer ist, wie ich leider sagen muss, nur sehr oberflächlich, denn das Thema Szechuanpfeffer ist ein weites Feld. Allerdings ist auch die Auswahl der Qualitäten, über die man in Deutschland verfügen kann, sehr begrenzt.

Ich liebe dieses Gewürz, weil es eine aufregende, interessante Frische ins Spiel bringt. Die zitronigen Aromen machen immer wieder Appetit, beleben und lassen sich mannigfaltig einsetzen. Eines meiner Lieblingsgerichte ist eine hauchdünne Scheibe gut durchwachsenen Färsen-Entrecôtes, kräftig mit Szechuanpfeffer und leicht mit Salz gewürzt. Das Fleisch in sehr heißem Fett auf jeder Seite höchstens 4-5 Sekunden braten. Grob geschnittenen Frühlingslauch, fein gehackten Knoblauch und Ingwer im heißen Fett sautieren und mit Zitronensaft und Terriyakisauce ablöschen. Einen angewärmten Teller mit einer halben Knoblauchzehe abreiben. Das Fleisch darauf anrichten und mit der heißen Sauce begießen. Das ist im Sommer ebenso schmackhaft und frisch wie im Winter.

Zusammen mit bitterer Schokolade ist Szechuanpfeffer ein aufregendes Erlebnis. Früher war für mich Schokolade mit Zitrusaromen tabu. Nun ja, auch ich lerne und probiere immer weiter. Im Sinne und im Auftrag meiner Gäste und Kunden.

Kommentar von J. Dollase: „Flüssig" ist der Kuchen natürlich nicht komplett, aber wenn man ihn präzise backt, ist er im Kern noch nicht durchgegart und läuft beim Anschneiden aus. Dieses Rezept ist also eine Variante des berühmten „fließenden Schokoladenkuchens" des französischen Kreativ-Stars Michel Bras. Ingo Holland setzt hier gleich mehrere in unseren Breiten etwas ungewöhnliche Aromen ein. Grundlage für das Funktionieren ist die Qualität der Schokolade, wobei ich persönlich die Auswahl sogar noch auf die Sorte „Guanaja" von Valrhona einschränken würde. Mit dieser recht herben Qualität verbinden sich das Oliven-Aroma und der Szechuanpfeffer ganz besonders gut. Auch andere charakteristische Pfeffer wie der lange Pfeffer sind in diesem Zusammenhang sicherlich einen Versuch wert. Das Gleiche gilt für die Sauce mit Earl-Grey-Tee. Tee und Schokolade vertragen sich sehr gut – diese Kombination findet sich bei vielen berühmten Chocolatiers. Die Farbe beim Karamellisieren von Zucker zeigt übrigens deutlich an, wie süß (hell) oder herb bis bitter (dunkel) das Karamell schmeckt. Da hier noch andere Elemente hinzukommen (Sahne, Butter), muss die Karamell-Grundlage etwas kräftiger sein, um genügend typisches Aroma zu haben.

Für 4 Personen

Flüssiger Kuchen

von bitterer Schokolade und Olivenöl mit Szechuanpfeffer und Earl-Grey-Jus

Kuchen

	weiche Butter
180 g	bittere Schokolade (70 %, z.B. Cluizel oder Valrhona)
160 ml	Olivenöl (mit wenig Säure, nicht zu jung, eventuell aus Kreta)
60 g	Mehl
60 g	heller Rohrzucker
1 TL	Szechuanpfeffer
3	Eier

Den Backofen auf 230 °C vorheizen. 4 Förmchen aus Steingut (8 cm Durchmesser, mindestens 5 cm Höhe) sehr gut und dick ausbuttern. Das muss mit großer Sorgfalt geschehen, vor allem am Boden der Formen, da sich der Kuchen sonst nicht löst. Schokolade und Olivenöl bei kleiner Hitze schmelzen lassen. In einer kleinen Schüssel Mehl, Zucker und Szechuanpfeffer miteinander vermischen. Geschmolzene Schokolade und Olivenöl zugeben und damit vermengen, ohne die Masse zu stark oder gar schaumig zu rühren. Die Eier aufschlagen und ebenfalls unterrühren. Die Masse gleichmäßig auf die Förmchen verteilen. In den vorgeheizten Ofen schieben und exakt 6 Minuten backen. Die Kuchen aus dem Ofen nehmen und mindestens 1 Minute ruhen lassen.

Earl-Grey-Jus

100 g	heller Rohrzucker
200 ml	Wasser
12 g	Earl Grey
50 ml	flüssige Sahne
25 g	kalte Butter

In einem kleinen Topf den Zucker karamellisieren lassen, in dem man in das heiße Töpfchen nach und nach den Zucker einstreut und nicht zu hell röstet. Zum Umrühren benutzt man am besten einen Holzlöffel. Wenn die ganze Zuckermenge braun geröstet ist und keine Kristalle mehr aufweist, mit dem Wasser ablöschen. Dabei ist äußerste Vorsicht geboten, da beim Ablöschen sehr heißer Dampf aufsteigt und Verbrennungsgefahr besteht. Den Karamell auf die Hälfte einkochen. Den Earl Grey einstreuen und 4 Minuten in dem heißen Karamell ziehen lassen. Durch ein Sieb abgießen und 1 Eßlöffel der gequollenen Teeblätter als Einlage zurückbehalten. Die Sahne zugeben und etwa 3 Minuten kochen lassen. Vom Herd nehmen und die zurückbehaltenen Teeblätter wieder unterrühren. Vor dem Anrichten den Earl-Grey-Karamellfond kurz aufkochen und die kalte Butter mit einem Mixstab untermixen.

Anrichten

Die Kuchen auf Teller stürzen, mit der Earl-Grey-Jus umgießen und sofort servieren.

Tasmanischer Pfeffer oder Bergpfeffer

Das ist sicherlich der bei uns unpopulärste Pfeffer. Er ist, wie viele andere Pfeffer, die wir in diesem Buch vorstellen, ein „falscher Pfeffer“. Die Pflanze, an der die Beeren wachsen, gehört zur Familie der Winteraceae. Sie ist ein wild wachsender Busch, der betörend schöne, kleine Blüten hervorbringt. Die auf den ersten Blick schwarzen, in Wirklichkeit aber tiefblauen bis violetten Früchte sehen ein wenig wie getrocknete Heidelbeeren aus. Man kann sowohl Beeren als auch Blätter verwenden. Die Beeren sollte man auf keinen Fall in die Pfeffermühle füllen. Sie sind zwar trocken, aber in der Mühle verkleben sie das Mahlwerk (meine eigene Erfahrung). Der tasmanische Pfeffer will lieber im Mörser nicht zu fein gestoßen werden.

Meist wird tasmanischer Pfeffer zusammen mit anderen typisch australisch/tasmanischen Gewürzen wie zum Beispiel Wattleseed (Akaziensamen), Lemon Myrtle (Zitronenmyrthe) und Bushtomatoes (Buschtomate) für so genanntes „bush-food“ verwendet. Da ich weder im Busch war noch diese Küche kenne, sammle ich lieber meine eigenen Erfahrungen mit diesem Gewürz. Dafür musste ich zuerst einmal die Aromatik bestimmen. Sie erinnert mich an wilde, süße Beeren, an frische Lorbeerblätter, an Eisenkraut und ein wenig an Eichenspäne. Ich rate Ihnen, beim ersten Verkosten einer tasmanischen Pfefferbeere sehr vorsichtig zu sein. Die Schärfe kann man durchaus als hinterhältig bezeichnen, denn das Aroma präsentiert sich zunächst süß, beerig und angenehm sanft. Sobald sich der Gedanke an einen milden Pfeffer im Kopf geformt hat, schlägt er zu. Eine ständig wachsende Schärfe mit einem Gefühl von Taubheit macht sich auf der Zunge breit. Es ist nicht die Schärfe wie die eines Chilis, aber da sie überraschend spät eintritt, hat sie leicht gemeine Züge. Dennoch, ich liebe ihn. Ich habe festgestellt, dass er sich aufgrund dieser Aromenvielfalt sehr gut mit exotischen Früchten wie zum Beispiel Ananas kombinieren lässt. Ein anderes Beispiel seiner Vielseitigkeit ist mein Färsenfiletsteak, das ich in Butter brate. Wenn es noch sehr rosé ist, gebe ich reichlich getrocknetes und geriebenes Sauerteigbrot sowie gestoßenen tasmanischen Pfeffer hinzu. Dies vermische ich mit der flüssigen Butter und forme auf dem Steak eine Art dicke Kruste, die ich in der heißen Röhre schnell bräunen lasse. Im Prinzip reicht das schon, doch rundet eine kräftige, weinige Sauce das Ganze perfekt ab. Die Geister scheiden sich bei der Frage, ob er kurz oder lange mitzugaren ist. Ich finde, dass dieser Pfeffer die Hitze eine ganze Zeit lang gut verkraftet. Übrigens: Wenn Sie tasmanischen Pfeffer beispielsweise auf ein helles Fischcarpaccio streuen, wundern Sie sich nicht über die „Masern“, die kurz darauf zu erkennen sind. Die Farbstoffe, die durch die Feuchtigkeit gelöst werden, sind nicht violett, sondern tiefrot.

Kommentar von J. Dollase: Etwas verwegen könnte man sagen, dass die Ananas im Dessertbereich das ist, was Jakobsmuschel oder Foie gras an anderer Stelle sind, nämlich ein ungeheuer vielfältig verwendbares Produkt. Ganz besonders in geschmorter Form ergibt sich oft schon mit wenigen Zutaten eine ganz überraschende Aromenvertiefung, die man der Ananas normalerweise gar nicht zutrauen würde. Sie reagiert besonders gut mit der Karamellisierung, deren Mix aus Süße und Bitterstoffen perfekt zu der Frucht passt. Ein guter Rum sorgt in dieser Kochtechnik für eine Fond-ähnliche Komplexität, die nicht zu vergleichen ist mit einem Spritzer Rum in Cocktails etc. Der Pfeffer bringt mit seinen ätherischen Anteilen eine Art Belüftung, so dass sich hier in kurzer Zeit ein ganz anderes Dessert-Bild entwickelt, als man es von den Sahne-Eis-Schokolade-Desserts her gewohnt ist. Die Ananas ist ansonsten geduldig und verträgt durchaus ziemlich wilde Experimente.

Für 4–8 Personen

Ivoire-Ananas in Rumkaramell

mit tasmanischem Pfeffer geschmort

Ivoire-Ananas

1	Ananas (vollreife Flugware, › am besten von der Elfenbeinküste › oder aus Ghana)
200 g	Rohrzucker
125 ml	Wasser
125 ml	Myer's Rum
60 g	kalte Butter
10 g	im Mörser gestoßener › tasmanischer Pfeffer

Die Ananas auf die Seite legen und das Grün großzügig abschneiden. Umdrehen und das Gleiche mit dem Wurzelansatz vornehmen. Die Ananas aufstellen und mit einem langen, scharfen Messer die Schale von oben nach unten großzügig abschneiden. Die Frucht am besten ganz in die Hand nehmen und mit jeweils einem schrägen Schnitt die braunen, kleinen Stacheln entfernen. Bei diesem Vorgang sehr symmetrisch vorgehen, da die Ananas dadurch eine schöne Optik bekommt. Der Länge nach vierteln und den Strunk herausschneiden. Die Ananasviertel halbieren. In einer Pfanne den Zucker nicht zu hell karamellisieren lassen. Mit dem Wasser ablöschen und so lange kochen, bis keine Karamellklümpchen mehr vorhanden sind. Den Rum zugeben und aufkochen. Butter zufügen und sirupartig einkochen. Die Ananas einlegen und unter Köcheln etwa 5 Minuten ständig mit dem Karamell begießen. Sobald sie einen appetitlichen Glanz erreicht hat, mit dem Pfeffer bestreuen, nochmals nappieren und servieren.

Tellicherrypfeffer

Seit mehr als zweitausend Jahren gilt die Region in dem indischen Bundesstaat Kerala, die so genannte Pfefferküste, als eines der qualitativ besten und bekanntesten Anbaugebiete für Pfeffer, besonders für schwarzen. Thalassery, der neue Name von Tellicherry, liegt im Nordwesten und ist die Namensgeberin für eine der ganz speziellen und besten Pfeffersorten, die Indien zu bieten hat.

Wie ich schon ausführlich erklärt habe, wird schwarzer Pfeffer durch Fermentation unreifer Pfefferbeeren und anschließende Trocknung hergestellt. Wenn der Pfeffer das grüne Stadium abgeschlossen hat, wird er langsam reif und nimmt eine orange bis orange-rote Farbe an. (Dieses Reifestadium wird im Allgemeinen zur Herstellung von weißem Pfeffer bevorzugt.) Der Tellicherrypfeffer wird aus vollreifen, roten Pfefferbeeren hergestellt, der mit dem ganzen Fruchtfleisch fermentiert und getrocknet wird. Auch dieser Pfeffer wird dadurch schwarz, aber nicht tiefschwarz, sondern hat eher einen angenehm tiefbraunen Farbton. Durch dieses Verfahren hat sich das Aroma noch viel deutlicher entwickelt: die vollreifen Pfefferkörner haben einen ausgesprochen nussigen Geschmack angenommen. Aber auch eine kräftige Schärfe, wie sie auch beim weißen Pfeffer zu finden ist. Der Tellicherry ist in Duft und Geschmack keinesfalls eine Mischung aus schwarzem und weißem Pfeffer, sondern hat seine ganz eigenen Nuancen.

Der Einsatzbereich dieses Pfeffers ist meiner Meinung nach vornehmlich bei dunklem Fleisch wie Wild und Rind, aber auch bei schokoladigen Desserts zu finden. Kräftige Mittelmeerfische lassen sich ebenfalls sehr gerne damit würzen.

Ein Tipp zum Thema Pfeffer: Investieren Sie bei gutem bis sehr gutem Pfeffer, also bei Qualitäten, über die ich hier spreche, ein paar Euro in die Technik. Kaufen Sie bitte nie gemahlenen Pfeffer, denn die ätherischen Öle des Pfeffers sind noch flüchtiger als die anderer Gewürze, und so bleibt schon nach wenigen Tagen nur ein Bruchteil des wundervollen Pfefferaromas übrig. Das bedeutet, dass in jede gut ausgestattete Küche eine sehr gute Pfeffermühle und ein Mörser – nicht zu klein, schwer und am besten aus Granit – gehören. Damit kann man langen Pfeffer mörsern, der sich der Pfeffermühle auf Grund seiner Form verweigert, man kann grünen Pfeffer relativ einfach zu einer Paste zerreiben oder den Pfeffer für das Steak und den Braten grob stoßen. Die Pfeffermühle sollte das Beste sein, was Sie finden können. Denn nichts nervt mehr als eine Mühle, die nicht funktioniert. Fast nichts.

*Kommentar von J. Dollase:
An der Rotbarbe scheiden sich manchmal die Geister, weil sie einen recht klaren Eigengeschmack hat („die Schnepfe des Meeres"). Es sollte allerdings zu denken geben, dass sie der Lieblingsfisch vieler Köche ist, weil man mit einem klaren Aroma auch sehr gut arbeiten kann. Ingo Holland hat hier eine schöne doppelte Aromatisierung für den Fisch, bei der nach den mediterranen Kräutern das Rindermark für einen speziellen, minimal fleischigen Hintergrund sorgt, wie er auch – vergleichsweise – zustande kommt, wenn man Knoblauch sehr fein dosiert. Der Tellicherry-Pfeffer hat übrigens eine sehr interessante Note, die ein wenig an einen exotischen Weihrauch erinnert. Insgesamt ergibt sich bei diesem Rezept ein ausgesprochen süffiger Geschmack, der sehr harmonisch und vielfältig ist und sich deutlich von „normalen" Fischzubereitungen unterscheidet.*

Für 4 Personen

Rotbarbe mit Tellicherrypfeffer

und Rindermark gebraten, auf bunten Bohnen und Syrah-Butter

Rotbarbe

4 Rotbarben (à 300–400 g)
Natursalz
80 g Rindermark
4 Zweige Rosmarin
4 Zweige Thymian
2 EL grob gestoßener schwarzer › Tellicherrypfeffer
Mehl
4 EL Olivenöl
30 g Butter

Bunte Bohnen

40 g nicht zu große getrocknete › weiße Bohnen
40 g Wachtelbohnen
100 g dicke Bohnen (eventuell TK)
125 ml Bohnenkochwasser
2 Knoblauchzehen
1 TL heller Rohrzucker
60 g Butter
2 Zweige frisches Bohnenkraut
1 EL gehackte Blattpetersilie
weißer Pfeffer aus der Mühle
Salz

Syrah-Butter

150 ml Rotwein (Syrah)
50 ml dunkelroter Portwein
1 EL fein gehackte Schalotten
30 ml flüssige Sahne
1 frisches Lorbeerblatt
1 Zweig Rosmarin
40 g kalte Butterwürfel
Natursalz
schwarzer Pfeffer aus der Mühle
1 Prise heller Rohrzucker

Die ausgenommenen und geschuppten Rotbarben von der Mittelgräte befreien: mit einem sehr scharfen Messer das Fleisch beidseitig entlang der Mittelgräte vom Kopf bis knapp vor der Schwanzflosse ausschneiden. Die Gräte mit einer Schere hinter dem Kopf und kurz vor der Flosse durchtrennen und herausnehmen. Die Bauchgräten vorsichtig herausschneiden. Die Gräten im Fischfilet sehr sorgfältig mit einer Pinzette entfernen. Die Fische gut waschen und innen und außen salzen.
Das gewässerte Rindermark in ½ cm große Würfel schneiden und kühl stellen, damit es nicht schmilzt. Die Rotbarben mit je einem Rosmarin- und Thymianzweig füllen, auf beiden Seiten in den Pfeffer legen, etwas andrücken und mehlieren. Das Olivenöl in einer großen Pfanne erhitzen. Die Fische etwa 1 Minute relativ heiß anbraten, die Hitze ein wenig zurücknehmen und die Rotbarben wenden. Das gewürfelte Rindermark, die Butter und den restlichen Pfeffer zugeben, weitere maximal 2 Minuten braten und dabei mit dem Bratfett übergießen.

Die weißen und die Wachtelbohnen über Nacht in 500 ml Wasser einweichen. Am nächsten Tag in leicht gesalzenem frischem Wasser etwa 1 Stunde mehr quellen als kochen und im Wasser abkühlen lassen. Die dicken Bohnen auspulen und aus der weißen dicken Schale schälen. 125 ml Bohnenwasser mit den gequetschten Knoblauchzehen zum Kochen bringen. Zucker und Butter zugeben und köcheln lassen, bis die Flüssigkeit sirupartig ist. Die drei Bohnensorten zugeben, salzen und schmoren lassen, bis sie satt glänzen. Die abgezupften Bohnenkrautblätter zugeben. Mit der Petersilie und dem gemahlenem Pfeffer durchschwenken und eventuell nochmals mit Salz abschmecken.

Syrah und Portwein mit den Schalotten aufkochen und auf ein Drittel reduzieren. Sahne, Lorbeer und Rosmarin zugeben, 1 Minute köcheln lassen und die Kräuter wieder herausnehmen. Mit dem Schneebesen die kalten Butterwürfel einrühren. Die Sauce mit Salz, Pfeffer und einer Prise Zucker abschmecken.

Die Bohnen als Bett auf die Teller verteilen. Den Fisch darauf setzen und mit der Syrah-Butter umgießen.

Weißer Pfeffer

Der Deutschen liebstes Kind, was Gewürze angeht, ist auf jeden Fall Pfeffer, vor allem der weiße Pfeffer aus Indonesien. Das ist eigentlich schade, obwohl ich vielleicht sogar verstehen kann, warum: er hält sich lange. Vollreife Pfefferbeeren werden gebraucht, um weißen Pfeffer zu produzieren. Zunächst muss die äußere Hülle, also das reife rote Fruchtfleisch, entfernt werden. Das macht man häufig, indem man die gerade geernteten Beeren etwa eine Woche einweicht, am besten in langsam fließendem Wasser. Dadurch zerfällt das Fruchtfleisch und kann mechanisch vom eigentlichen, dem Aroma und Schärfe tragenden Pfefferkorn abgetrennt werden. Zurück bleibt im Wesentlichen der Same, der dann getrocknet und als weißer Pfeffer verkauft wird. Weißer Pfeffer erhält sich die ganze Schärfe, aber er hat durch sein Reifestadium und die teilweise Entfernung der Aromastoffe einen Geschmack, der sich am ganzen weißen Pfefferkorn oft nicht sehr vorteilhaft präsentiert: teilweise sind es animalische Düfte, die oft sogar etwas an Pferdestall erinnern. Sobald er jedoch im Mörser gestoßen oder in der Mühle gemahlen ist, zeigt er alles, was er an Kraft, aber auch an Finesse zu bieten hat.

Ein kleiner Tipp: Sparen Sie auf keinen Fall an der Pfefferqualität. Billiger Pfeffer wird dem, was Sie damit bezwecken, eigentlich nie gerecht. Neuerdings sind sogar Pfefferfälschungen am Markt, die aus Kleie oder anderen Trägersubstanzen, aus Pfefferaroma und sogar etwas Pfeffer hergestellt werden und echten Pfefferkörnern täuschend ähnlich sehen. Oder es werden schwarze Pfefferkörner geschält, also von der schwarzen Hülle befreit. Das Pfefferkorn ist dann weiß, schmeckt aber wie schwarzer. Dagegen gibt es leider noch keine rechtliche Handhabe, also kann weiterhin so verfahren werden. Wir verarbeiten in unserem Restaurant etwa zu achtzig Prozent weißen und zu zwanzig Prozent schwarzen Pfeffer. Hinzu kommen natürlich all die anderen Pfeffersorten und Qualitäten, die in unseren verschiedenen Dosen, Gläsern und Gewürzschränken stehen.

Ich verwende den weißen Pfeffer nicht nur dort, wo er optisch dem schwarzen überlegen ist, wie bei hellem Fleisch, Fischfilets oder weißen Saucen. Ich mag das vollreife Aroma, den frischen Duft eines ganz außergewöhnlichen weißen Periyarpfeffers, den ich in meinem Programm führe. Eigentlich das Außergewöhnlichste, was ich in meiner Laufbahn als Gewürzmüller je in eine Pfeffermühle oder einen Mörser gefüllt habe.

Schon oft wurde ich als Pfeffersack oder Pfefferjunkie bezeichnet. Solche Bekundungen ärgern mich nicht, sondern ich genieße sie, weil ich weiß, dass ich ihnen zu hundert Prozent gerecht werde. Hätte ich sonst in meinem Laden 20 bis 25 verschieden Arten, Sorten und Herkünfte von Pfeffer stehen?

Keinem meiner Kunden würde ich jedoch empfehlen, sich drei bis vier schwarze, zwei weiße und verschiedene grüne Pfeffer zuzulegen. Suchen Sie sich jeweils einen von jeder Sorte aus. Dazu ein paar Spezialpfeffer wie tasmanischer, Szechuan usw. Das genügt.

IRANIAN CAVIAR

Kommentar von J. Dollase:
Ein Rezept, das man ziemlich sensibel angehen muss. Der Loup de mer wird zwar zu Beginn nicht gebraten o. ä., bekommt aber von der Sauce durchaus genügend Wärme ab, um zumindest an der Oberfläche zu garen. Würde man die dünnen Scheiben auf einen stark vorgeheizten Teller legen, wäre der Effekt noch stärker. Die Temperatur spielt auch bei dem Kartoffel-Kaviar-Knödel eine große Rolle. Kaviar verliert bei höheren Temperaturen sehr schnell sein Aroma. Deshalb darf man die Knödel auf keinen Fall länger als unbedingt nötig garen. Die Sauce mit dem Periyarpfeffer hat einen klassischen Saucenaufbau und kann als Musterbeispiel für viele ähnliche Saucen gesehen werden. Soll das zusätzliche Aroma (also hier der Periyarpfeffer) sich intensiv mit den anderen Zutaten vermischen, muss es früh in den Saucenansatz. Soll es am Schluss ganz deutlich in den Vordergrund treten, muss man es am Schluss dazugeben. Zur Stärkung des Temperatureffektes kann die Crème fraîche gut gekühlt eingesetzt werden. Auf diese Weise „schmelzen" die eher weichen Elemente auf dem Teller jeweils zu einem unterschiedlichen Zeitpunkt.

Für 4 Personen

Kartoffel-Kaviar-Knödel

auf roh mariniertem Loup de mer mit weißer Periyarpfeffer-Butter

Knödel

500 g	fest kochende geschälte Kartoffeln
1	Päckchen Knödelweiß
	Natursalz
100 g	Osietra-Kaviar (iranische Qualität, › nicht pasteurisiert)

Loup de mer

1	Loup de mer (800–1000 g)
	Natursalz

Pfeffer-Butter

2 EL	fein gehackte Schalotten
100 ml	Noilly Prat
100 ml	trockener Weißwein
1	kleines Lorbeerblatt
50 ml	flüssige Sahne
1 TL	fein gestoßener weißer Periyarpfeffer
1 Prise	Rohrzucker
50 g	kalte Butter
	Salz

Crème fraîche

100 g	Crème fraîche
	Natursalz
	weißer Pfeffer aus der Mühle
1	fein gehackte Schalotte
1 Bund	fein geschnittener Schnittlauch › (die Spitzen aufbewahren)
1	gehacktes hart gekochtes Ei

Die geschälten Kartoffeln 10 Minuten in Wasser mit Knödelweiß legen. (Das verhindert das Oxidieren und hält den Kartoffelteig hell.) Die Kartoffeln auf einer Küchenreibe so fein wie möglich reiben, in ein feinmaschiges Tuch geben und kräftig fast trocken auspressen. Dabei den Saft auffangen, kurz stehen lassen, damit sich die Stärke absetzen kann, und das Wasser abgießen. Die Stärke mit den geriebenen Kartoffeln vermischen. Kräftig salzen und gerade so viel Wasser zugeben, dass sich ein leicht zu formender Teig herstellen lässt. 4 Knödel (à 60–70 g) formen, mit dem Daumen eine tiefe Mulde hineindrücken, den Kaviar vorsichtig einfüllen und mit dem Teig gut verschließen. In einem Topf so viel Salzwasser zum Kochen bringen, dass 4 Knödel darin schwimmen können. Die Knödel vorsichtig ins Wasser geben, aufkochen, bis sie aufsteigen und 3–4 Minuten ziehen lassen.

Den Loup de mer vom Fischhändler ausnehmen, schuppen und filetieren lassen. Mit einer Pinzette sorgfältig alle Gräten ziehen. Mit einem sehr scharfen, dünnen Messer direkt von der Haut möglichst dünne Scheiben schneiden. Darauf achten, dass dabei nicht zuviel von dem bräunlichen, tranigen Fleisch mit abgeschnitten wird. Die hauchdünnen Scheiben auf 4 flachen Tellern kreisförmig mit einem Durchmesser von 10–12 cm auflegen; sie sollen nicht überlappen. Diese Arbeit sollte sehr akkurat erledigt werden, denn davon profitieren Geschmack und Optik. Nur leicht salzen.

Schalotten, Noilly Prat und Weißwein mit dem Lorbeerblatt aufkochen und auf die Hälfte reduzieren lassen. Das Lorbeerblatt herausnehmen. Sahne, gestoßenen weißen Periyarpfeffer und Zucker zugeben und nochmals um ⅓ reduzieren. Die Butter in kleine Würfel schneiden und in den noch kochenden Ansatz geben. Sofort vom Feuer nehmen und durch schwenkende Bewegungen untermontieren. (Die Flüssigkeit muss heiß sein, da sie sonst die Butter nicht aufnimmt, darf aber auch nicht zu heiß sein, da sich die Butter sonst absetzt.) Mit Salz abschmecken.

Für die Crème fraîche alle Zutaten miteinander vermischen.

Die Fischscheiben mit der heißen Pfefferbutter nappieren. Je 1 Knödel darauf setzen. Mit zwei Gabeln aufreißen, sodass die Kaviarfüllung zu sehen ist. Einen satten Löffel Crème fraîche darauf geben, die Schnittlauchspitzen hineinstecken und mit dem Rest des Schnittlauchs bestreuen.

Tipp: *Dieses Gericht lebt von seinen unterschiedlichen Temperaturen und Konsistenzen. Der Fisch sollte höchstens lauwarm sein, der Knödel heiß.*

Gewürzmischungen

Berbere

Berbere ist ein relativ scharfes, aber durchaus interessantes Gewürz der nordostafrikanischen Küche. Beispielsweise wird das äthiopische Nationalgericht Doro Wot aus Geflügel, viel Knoblauch, Zwiebeln, Tomaten und Eiern damit nicht nur abgeschmeckt – sondern besteht gar zum großen Teil daraus.
Ich habe dieses Gewürz vor vielen Jahren einmal ausprobiert und nach meinem Geschmack dann neu definiert, sodass es meine Handschrift trägt und auch mit unserer Küche korrespondiert. Es besteht aus Chilis, Korianderkörnern, Nelken, Kardamomsaat, Ajowansamen, Pimentkörnern, schwarzem Pfeffer, Bockshornkleesaat, Zimtblüten und Ingwer. Ich finde, dass Berbere trotz seines opulenten Chili- und Pfeffer-Gehalts durchaus seinen Stellenwert auch in den Küchen unserer Breitengrade hat.
Man kann wunderbar Pasteten und Terrinen damit würzen sowie verschiedene Gänse- und Entenleberzubereitungen. Eintöpfe, Reisgerichte, Gemüse und Geflügel bekommen dadurch eine interessante, vielleicht auch eine exotische Note.
Unser „reicher Ritter“ mit Entenleber wird durch dieses pikante Gewürz sozusagen zum Leben erweckt.

Kommentar von J. Dollase: Der „arme Ritter“ ist ein sehr preiswertes Dessert (deshalb der Name), bei dem normalerweise Weißbrot oder Zwieback in einer Flüssigkeit mit Vanille getränkt und dann paniert und ausgebacken wird. „Reich“ ist er hier wegen einer Trockenbeerenauslese als Aromatisierung. Der Akkord mit unterschiedlichen Zuständen von Weintrauben (so könnte man es am besten beschreiben) hat Tradition und ist hier mit den kompletten Trauben, dem Traubensaft und der Trockenbeerenauslese sehr schön weit gefasst. Mit der Gewürzmischung Berbere wird das „normale“ Spektrum rund um den Wein gründlich verlassen, oder besser: uminterpretiert. Der Gewinn an Tiefgang ist beträchtlich, weil die neuen Aromen – von Kardamom über Koriander bis zum Bockshornklee – verhindern, dass die Süße in diesem Gericht zu vordergründig wird. Das Würzen der Foie gras mit Fleur de Sel sollte wirklich sorgfältig erfolgen. Achten Sie ruhig darauf, ob die Körner gleichmäßig auf der Oberfläche verteilt sind. Ein Bissen mit mehreren, zufällig eng beieinander liegenden Salzkörnern kann schon zuviel sein.

Für 4 Personen

Entenstopfleber

auf „reichem Ritter“ mit Berbere und Weintrauben in Verjus glaciert

Entenstopfleber

4	Scheiben Entenstopfleber à 60 g; › sehr frisch, da sie sonst zerfließt
	Natursalz
	weißer Pfeffer aus der Mühle
	Weizenmehl
1 TL	Olivenöl

Die Entenstopfleber salzen, pfeffern und mit Mehl bestäuben. Eine Pfanne erhitzen und die Leberscheiben ohne Fett einlegen. Nur wenn sie kein Fett ziehen sollten, ein paar Tropfen Öl zugeben. Appetitlich braun anbraten.

„Reicher Ritter“

120 ml	Trockenbeerenauslese › (am besten Spätburgunder)
4	Scheiben Brioche (1 cm dick)
50 g	Mehl
2	Eier
50 g	Semmelbrösel
2 EL	Pflanzenfett
20 g	Butter

Den Wein in einen tiefen Teller gießen und die Briochescheiben gut darin einweichen. Dabei vorsichtig wenden, damit die Scheiben nicht zerbrechen. Wenn der Wein komplett aufgesogen ist, in Mehl wälzen und in Ei und Bröseln panieren. In einer Pfanne das Fett nicht zu sehr erhitzen, da die Panade sonst zu schnell braun wird. Die panierten Briochescheiben braten, bis sie eine goldbraune Farbe haben. Die Butter zugeben, aufschäumen lassen und die Brioche damit übergießen. Herausnehmen und auf Küchenkrepp abtropfen lassen.

Trauben

60 ml	Verjus (Saft unreifer Trauben › aus dem Périgord)
60 ml	trockener Weißwein
20 g	heller Rohrzucker
20 g	Butter
120	weiße kernlose Weintrauben

Verjus, Weißwein, Zucker und Butter in einem Töpfchen zu Sirup kochen. Die Trauben zugeben und darin schmoren, bis der Sirup an den Trauben haften bleibt.

Anrichten

	Fleur de sel
½ TL	Berbere
1 EL	Kalbs- oder Poulardenjus

Die „reichen Ritter“ auf tiefen Tellern anrichten. Die Leberscheiben darauf platzieren und mit Fleur de sel nicht zu sparsam bestreuen. Die Trauben auf den Lebern verteilen und mit dem Sirup umgießen. Erst jetzt das Berbere darüber streuen, damit sich der köstliche Duft dieses Gewürzes entfalten kann. Einige Tropfen Jus darüber träufeln und servieren.

Curry Anapurna

Curry: ein umfassendes und von vielen Klischees geprägtes Thema. Das fängt schon damit an, dass der Begriff „Curry“ in unserem Sprachgebrauch nichts mit dem zu tun hat, was es im eigentlichen Sinne ist. Ein Curry ist üblicherweise eine Art Eintopfgericht, ein Ragout aus Gewürzen, Gemüse und Fleisch oder Fisch.
Das in Europa bekannte und beliebte „Currypulver“ wird in Indien selbst praktisch nicht verwendet, sondern dort nur für den Export hergestellt. In Indien bezeichnet das Wort „Curry“ keine Gewürzmischung, sondern ist der Oberbegriff für beliebige Fleisch- oder Gemüsegerichte in Sauce. Die verschiedenen Gewürzmischungen zur Zubereitung indischer Currys werden Masala genannt, und in jeder Region, jedem Ort und sogar in jedem Haushalt anders zusammengestellt – von süßlich über mild bis scharf oder sehr scharf. Diese Pulvercurrys kamen über die Engländer nach Europa. Die wollten damit exotische Aromatik mit einem fertig gemahlenen Gewürz unproblematisch in ihre Töpfe zaubern. Doch die Herstellung eines echten indischen Currys ist alles andere als „Fast Food“ und mit viel Zeit und Liebe zum Detail verbunden. Ich habe fünf verschiedene Currys kreiert, die drei ersten ziemlich zu Anfang unserer Geschäftsgründung, die anderen beiden erst vor kurzer Zeit. Die Namen sind ebenso meine Schöpfungen wie die Produkte. Sinn und Zweck meiner Gewürze, hier im Speziellen des Currys, ist es, qualitativ und geschmacklich beste Produkte mit Seele von Hand herzustellen. Bei jedem Curry, wie bei auch bei jedem anderen unserer Gewürze, hatte ich zunächst eine Vision. Beim Curry Jaipur zum Beispiel die eines frischen, leichten Currys, mit wenig Röstaromen und einer Aromatik, die der typisch europäischen Vorstellung am nächsten kommt, geprägt von leichten und frischen Aromen wie Ingwer und Zitronengras und zarten Röstaromen. Lediglich Knoblauch, Bockshornklee und Chilis werden geröstet. Scharf sind unsre Currys alle. Ein Curry hat eben auch viel mit einer Chilizubereitung gemeinsam. Für mich persönlich ergibt ein Curry ohne Chili keinen Sinn. Verwenden sollten Sie Jaipur zu Fisch und Krustentieren oder auch mal in einer Salatsauce.
Das Curry Kashmir heißt so, weil ich Kashmir mit typisch indisch assoziiere: kräftige, runde und scharfe Aromen. Ein Mangel an Frische kompensiert sich durch Kraft und Röstung von beispielsweise Zimt, Gewürznelken, Koriander und Galgant. Kashmir eignet sich gut für Gemüsecurrys, Hülsenfrüchte und zu Geflügel. Scharf!
Mumbai, der neue Name für Bombay, stand Pate für ein Curry, dessen Grundidee die Vermählung von fruchtigen, blumigen und weichen Aromen war: Curry Mumbai. Denn ich wollte eine Gewürzmischung im Stil eines Currys herstellen, die man auch mal zu Süßspeisen verwenden kann, wie zu einer in Honig gebratenen Banane, einer Passionsfruchtmousse oder eben auch einer weißen Schokolade mit Safran. Exzellent! Super eignet sich dieses Curry durch seine milde Schärfe auch für die Familienküche. Curry Anapurna hingegen ist der Diplomat unter meinen Mischungen. Es liegt in Geschmack, Kraft und Frische genau zwischen Jaipur und Kashmir, ist ausgewogen ausgestattet und somit vielfältig verwendbar, ohne je trivial zu wirken. Es enthält weniger Ingwer als Jaipur und kein Zitronengras. Dafür wird es etwas kräftiger geröstet, was die wunderbare Balance ausmacht. Ich verwende dieses Curry sehr gerne zu Lamm- und Geflügelcurry, für gebratene Crevetten und eine meiner Lieblingsspeisen: kleine Lammhackfleischkugeln mit einem gerösteten Macadamiakern gefüllt und in einem Kichererbsencurry geschmort unter zusätzlicher Beigabe von reichlich grünen Chilis. Zum Löschen des auf der Zunge entstehenden Flächenbrandes bevorzuge ich Joghurt oder ein kaltes Bier.

Kommentar von J. Dollase: Frankreich trifft den Orient. Ingo Holland beginnt hier mit einer Muschelzubereitung, die deutlich über die heutzutage leider oft anzutreffenden, vereinfachten Formen (oft nur mit etwas Schalotten und Weißwein) hinausgeht. Das hat seinen Grund. In Kombination mit der komplex gewürzten Kichererbsen-Creme brauchen die Muscheln etwas aromatisches „Rückgrat". Bei der Creme wiederum sollte man vor allem im Schlussstadium immer wieder abschmecken. Weil die Chili-Fäden (zumindest bei Ingo Holland) extrem dünn geschnitten sind, besteht nur eine geringe Gefahr von zuviel Schärfe. Mit dem Pekannuss-Öl, Safran und Curry ergibt sich eine enorme Aromendichte, die dennoch die Muscheln nicht überdecken wird, weil der Geschmacksverlauf sozusagen mithilft: man muss auf den Muscheln länger kauen, als auf der Creme mit Einlagen. Auf diese Weise bekommt man ganz zum Schluss ein recht klares Muschelaroma.

Für 4 Personen

Creme von Kichererbsen und Bouchot-Muscheln

mit Curry Anapurna und Pekannuss-Öl

Muscheln

500 g	Bouchot-Muscheln
1	kleine Karotte
1	kleine Zwiebel
1	kleine Lauchstange
3 EL	Olivenöl
1 TL	weiße Pfefferkörner
1	Lorbeerblatt
1	gequetschte Knoblauchzehe
200 ml	trockener Weißwein

Muscheln gut putzen und waschen. Alle geöffneten Muscheln wegwerfen. Karotte, Zwiebel und Lauch in 1 cm große Würfel schneiden. Olivenöl in einem großen Topf recht hoch erhitzen. Die abgetropften Muscheln mit dem Gemüse und den Gewürzen zugeben. Kurz durchrühren und mit Weißwein ablöschen. Sofort abdecken und etwa 5 Minuten kochen lassen, bis sich alle Muscheln geöffnet haben. Aus dem Fond nehmen, auskühlen lassen und die Muscheln aus den Schalen lösen. Pro Person 4 leere Muschelschalen aufbewahren. Den Fond durch ein Sieb gießen.

Cremesuppe

50 g	Kichererbsen
400 ml	Wasser
	Natursalz
2	Strauchtomaten
3 EL	Olivenöl
1	fein gewürfelte Zwiebel
2	fein gewürfelte Knoblauchzehen
1 EL	Curry Anapurna
300 ml	Muschelfond
60 ml	flüssige Sahne
2 Msp.	ganze iranische Safranfäden
1 EL	Chilifäden
1 TL	Zitronensaft
1 EL	geschlagene Sahne
1 EL	Frühlingslauchgrün › (in Ringe geschnitten)

Die Kichererbsen über Nacht in Wasser einweichen. Mit sehr wenig Salz im Einweichwasser gar kochen, durch ein Sieb gießen und das Wasser aufheben. Die in kochendem Wasser blanchierten, abgeschreckten und abgezogenen Tomaten sechsteln und die Kerne entfernen. Das Olivenöl in einem flachen Topf erhitzen, Zwiebel und Knoblauch zugeben und glasig dünsten. Die Tomatenstücke zugeben und mitschwitzen lassen. Mit dem Curry bestäuben und gut vermischen. Mit dem Muschelfond und 200 ml Kichererbsenwasser ablöschen. Die Kichererbsen zugeben und 10 Minuten bei mittlerer Hitze kochen. Sahne einrühren und weitere 3 Minuten kochen. Einen Mixstab etwa 5 Sekunden lang in den Topf halten, sodass Zwiebel, Kichererbsen und Tomaten ein wenig, aber nicht zu fein zerkleinert werden. Muscheln, Safran und Chilifäden hinzufügen und mit etwas Salz und Zitronensaft abschmecken. Ganz kurz aufkochen lassen. Die Muschelschalen dazugeben, geschlagene Sahne und den Frühlingslauch unterheben.

Anrichten

4 EL	Pekannuss-Öl

In tiefen Tellern anrichten und mit je einem EL Öl begießen.

Ducca

Ducca, eine außergewöhnlich interessante Mischung äthiopischer und ägyptischer Herkunft, die den Namen Gewürz erst in zweiter Linie verdient. Denn eigentlich vermischt man Ducca – aus Kichererbsen, Sesam, Kreuzkümmel, Koriander, Thymian, schwarzem Pfeffer, Minze und Natursalz – mit einem guten Olivenöl zu einer Art Dip, in das man beispielsweise Weiß- oder Fladenbrot stippt. Wir haben das Ducca schon sehr oft in allen möglichen Varianten genutzt. Durch den Sesam und die gerösteten Kichererbsen hat Ducca einen angenehm nussigen Geschmack, wodurch es sich vielseitig einsetzen lässt. Ich freue mich auch, wie findig und kreativ meine Kochkollegen damit umgehen. Ich verwende dieses Gewürz zum rohen Marinieren von Sardinen oder zum Braten von Dorade in einer Art Ducca-Panade mit einigen Tropfen Arganöl, was den aufregenden Geschmack noch verstärkt und untermalt. Außerdem kann man hellen Fleischsorten wie beispielsweise Kalb, Geflügel und Kaninchen ein außergewöhnliches Aroma geben, ohne dass der Eigengeschmack leidet.

Kommentar von J. Dollase: Dieses Rezept ist bestens geeignet, sämtliche Klischees von „Ölsardinen" gründlich zu beseitigen. Wirklich frischen Fisch vorausgesetzt, erhält die Sardine hier eine wunderbar feine und komplexe Aromatisierung, die von den Limonen und vom Blattkoriander eine schöne Frische und vom süßlich-nussigen Ducca eine ungewöhnliche Würzung mit einem deutlichen Anteil von Kreuzkümmel erhält. Eine besondere Bedeutung für das Gesamtaroma hat die Verwendung des Arganöls (oder: Arganienöl, die Schreibweise ist nicht ganz geklärt). Das sehr seltene und teure Öl des Eisenholzbaumes (vorwiegend in Marokko hergestellt) hat ein völlig eigenständiges und äußerst ungewöhnliches Aroma, das erst in den letzten Jahren wieder entdeckt worden ist. Es kann wegen seiner komplexen Struktur sehr vielseitig verwendet werden und verbindet sich in diesem Falle besonders gut mit den nussigen Aromen vom Ducca. Für eigene Experimente empfiehlt es sich, das Arganöl tropfenweise in eine „normale" Vinaigrette zu geben und sich langsam mit dem Aroma vertraut zu machen. Ich selber benutze es z.B. sehr gerne in einer Vinaigrette für die ganz jungen Gemüse im Frühjahr.

Für 4 Personen

Sardinenfilets

mit Limonen, frischem Koriander und Ducca mariniert, auf Kartoffel-Oliven-Plätzchen und Salat von Ölrauke

Sardinen

- 2 sehr frische Sardinen (à 180 g)
- Saft von ½ reifen Limone
- 50 ml feines Olivenöl (Kreta)
- 1 EL Arganöl
- 2 TL Ducca
- ½ TL grobes Meersalz
- weißer Pfeffer aus der Mühle
- nicht zu fein gemahlener Periyar
- 2 TL gehackter Blattkoriander

Die Sardinen, schuppen, filieren und gut waschen. Eventuell erledigt das auch der Fischhändler für Sie. Wichtig ist, dass alle Gräten, ob groß oder klein, gezogen werden. Da der Fisch roh genossen wird, müssen Gräten und Schuppen sehr sorgfältig entfernt werden.
Die Marinade aus Limonensaft, Olivenöl, Arganöl, Ducca, wenig Salz, weißem Pfeffer und Periyar sowie Koriander in einem Teller anrühren. Die Sardinenfilets mit der Hautseite hineinlegen und wenden, damit die silbrige Haut wieder oben ist. Es sollte reichlich Gewürz obenauf liegen. Kühl stellen.

Plätzchen

- 250 g mittelgroße, mehlig kochende › Kartoffeln
- Natursalz
- weißer Pfeffer aus der Mühle
- 1 EL Crème fraîche
- 1 Ei
- 25 g nicht zu fein gehackte schwarze Oliven
- 1 Msp. frisch gehackter Thymian
- 2 EL Pflanzenöl

Die ungeschälten Kartoffeln in Salzwasser kochen, ausdampfen lassen, schälen, durch die Kartoffelpresse drücken und mit etwas Salz und Pfeffer würzen. Crème fraîche und Ei mit einem Schneebesen zu einem glatten Teig verrühren. Gehackte Oliven und Thymian unterrühren. Mit wenig Öl eine Bratprobe machen. Wenn der Teig hält, etwas mehr als daumenbreite, etwa 10 cm lange Kartoffelplätzchen formen und backen. Auf einen Teller legen, damit sie vor dem Servieren nochmals erwärmt werden können.

Salat

- 60 ml Olivenöl
- 1 EL Arganöl
- 30 ml dunkler Balsamessig
- 20 cl Brühe
- 1 TL Salatgewürz (vom Gewürzamt)
- eventuell Natursalz
- weißer Pfeffer aus der Mühle
- 1 Knoblauchzehe
- ½ TL Senf
- 3 reife Fleischtomaten
- 2 Bund wilde Rauke

Aus Öl, Essig, Brühe, Gewürzen, Knoblauch und Senf mit dem Schneebesen ein Saladressing rühren. Die Tomaten ohne Strunk in kochendem Wasser 4 Sekunden blanchieren und in eiskaltem Wasser abschrecken. Die Haut abziehen, sechsteln und die Kerne entfernen. Die Tomatensechstel in das Dressing legen und etwa zehn Minuten marinieren. Die gut geputzte, gewaschene und abgetropfte Rauke zugeben und zusammen anmachen. Nochmals abschmecken.

Anrichten

Die erwärmten Kartoffelplätzchen auf die Teller verteilen und den Salat locker darauf aufbauen. Die Sardinenfilets obenauf legen und nochmals kräftig mit der Marinade beträufelt.

Garam Masala

Garam Masala ist eines von vielen gemahlenen Gewürzen der indischen Küche, wie etwa auch Masala Chai (für den indischen gewürzten Tee), Tandoori Masala (für alles Fleisch aus dem Tandoori-Ofen und vieles mehr) und Chat Masala (zum Beispiel für Früchte).

Garam Masala ist Hindi und bedeutet soviel wie heißes Gewürz. Diesem Attribut werden wir auf jeden Fall gut gerecht, denn unser Garam Masala ist alles andere als ein leichtes, mildes Gewürzchen. Neben der Schärfe hat das Garam Masala allerdings noch wesentlich mehr zu bieten.

Als ich vor über zehn Jahren begann, mit Gewürzen zu experimentieren und auch eigene Mischungen herzustellen, war Garam Masala das zweite nach Raz el Hanout, das wir mischten. Das war reiner Zufall. Natürlich hatte ich Anhaltspunkte und Vorstellungen, wie ein solches Gewürz auszusehen und zu schmecken hat. Ein Rezept besaß ich auch, doch noch keinerlei Erfahrung. Ich betrat also absolutes Neuland, was meinem Forscherdrang sehr entgegenkam. Neues auszuprobieren und zu kreieren ist von Kindesbeinen an ein Drang, der in mir steckt. Schon damals musste meine Familie immer neue Kreationen, allerdings noch nicht auf Sterneniveau, verkosten. Die waren nicht immer ganz so aufregend und schmackhaft wie das, was ich meinen Gästen heute in meinem Restaurant serviere. Für Vater und Mutter war allerdings alles kostenlos, also mussten sie durch.

Ähnlich verfahre ich heute noch in meinem Colonialwarenhandel, wenn ich ein neues Gewürz auf den Markt bringen möchte. So mahle, probiere und mische ich oft mehrere Male. Die eine oder andere Mischung landet auch immer wieder mal im großen Eimer, wenn Fehler darin sind, die ich nicht ändern kann.

Erst wenn ich zufrieden bin, fülle ich Proben ab, um Sie Gästen, Gewürzamtkunden und Gastronomen zu schenken mit der Bitte, damit zu kochen, ganz kritisch. Wenn das Feedback zum größten Teil zufrieden stellend ist, geht die Rezeptur in die Produktion.

Mein Garam Masala von heute ist noch exakt die gleiche Mischung wie damals: Cassia vera, Lorbeerblätter, Kreuzkümmelsamen, Koriandersamen, Gewürznelken, schwarzer Pfeffer, Chilis, Bockshornkleesamen, Senfkörner, Selleriesamen, Piment, langer Pfeffer, Muskatblüte und Kalmuswurzel. Vielleicht noch einen Tick besser, da wir heutzutage über bessere Gewürzquellen verfügen.

Das Garam Masala aus unserer Mühle ist, wie gesagt, kräftig geröstet und gut scharf, was es aber auch in geringer Dosierung noch sehr lecker macht. Ich benutze es gerne, um Lachs oder Thunfisch sparsam damit einzureiben, den ich dann sehr, sehr kurz brate. Ich verwende eine Prise für mein Couscous, ein typischer Fall von Crossover. In Eintöpfen macht sich Garam Masala genauso wundervoll wie in Reisgerichten oder mit dunklem Fleisch. Vielleicht haben ja aber auch Sie eine interessante Idee, wie Sie es zuhause einsetzen. Ich würde mich freuen, wenn Sie mich dies wissen ließen.

Kommentar von J. Dollase: Nur Mut zum Stockfisch! Mit etwas Arbeit wird daraus eine unnachahmliche Delikatesse, die nichts mehr mit dem – zugegeben – etwas merkwürdigen Grundprodukt zu tun hat. Nach Möglichkeit sollte man übrigens Stockfisch vom Kabeljau nehmen. Bei dieser komplex gewürzten Zubereitung hat man beim abschließenden Einrühren des Olivenöls noch allerlei Freiheiten. Ich schlage dazu ein frischeres Öl (z.B. aus der Toskana) vor und kein Öl, das sehr nach reifen Oliven schmeckt. Bei der Kombination Chorizo-St. Pierre werden hier zwei Elemente verbunden. Die Streusel sind gleichzeitig Würze für den Fisch und ein sehr schönes Textur-Element, das außerdem sehr gut zu dosieren ist. Die hier und da schon einmal zu findenden „Chorizo-Schuppen", also das Belegen von Fisch mit ganzen Scheiben, sind fast immer viel zu dominant. Interessant ist auch der Hinweis, dass die Sauce – wenn sie richtig gemacht ist – kein Salz braucht. Salz ist ein Gewürz, das man mit Überlegung einsetzen und nie automatisch an alle möglichen Dinge geben sollte.

Für 4 Personen

Artischockenbrandade

mit Garam Masala und St. Pierre mit Chorizostreuseln und Fenchelglace

Brandade

250 g	Stockfisch (mit Haut und Gräten gewogen, so frisch und weich wie möglich)
1 l	Vollmilch
4	Knoblauchzehen
1	Lorbeerblatt
2	große Artischocken
3 EL	Olivenöl
	Salz
	weißer Pfeffer aus der Mühle
1	mittlere Zwiebel
2	Bird-Eye-Chilis
250 g	mehlig kochende Kartoffeln
1 TL	Garam Masala
100 ml	Olivenöl
	Saft von 1 Zitrone

Glace

250 g	Gemüsefenchel
250 g	Gemüsewürfel (⅓ Karotten, ⅓ Sellerie, ⅓ Zwiebel)
je ¼ l	Rotwein, roter Portwein, Tomatensaft
250 g	geschälte Tomaten (aus der Dose)
4	Knoblauchzehen
1 TL	weiße Pfefferkörner
¼ l	Wasser
5 cl	roter Portwein
5 cl	trockener, tiefroter Rotwein
50 g	Butter

St. Pierre

80 g	Chorizo
3 EL	Pflanzenöl
1	St. Pierre (800–1000 g)
	Natursalz
	weißer Pfeffer aus der Mühle
	Mehl
30 g	Butter

Den Stockfisch mindestens 3 Tage vorher in reichlich kaltem Wasser einweichen und täglich mindestens einmal das Wasser wechseln. Am vierten Tag die Milch mit Knoblauch und Lorbeer aufkochen. Den gewässerten Stockfisch in die kochende Milch legen und die Hitze zurückschalten. So lange in der heißen Milch lassen, bis der Fisch vollkommen gar ist und fast zerfällt. Vorsichtig herausnehmen, etwas abkühlen lassen und Haut, Gräten und alle anderen nicht essbaren Teile mit den Fingern entfernen. Die geputzten Artischocken in 3 EL Olivenöl anbraten, salzen und pfeffern und etwas Farbe annehmen lassen. Zwiebel würfeln und mitdünsten, bis sie glasig ist. Die Chilis zerstoßen und ebenfalls zugeben. Den Fisch hinzufügen und gut durchrühren, sodass er zerfällt. Die Kochmilch abpassieren, etwa eine Tasse darüber gießen und unter Rühren einkochen lassen. So lange Milch angießen und einkochen lassen, bis die Fischstücke zu feinen Fasern zerfallen sind. Die in der Schale gekochten Kartoffeln schälen und durch die Kartoffel- oder Spätzlepresse in die Masse pressen. Wieder Mich zugeben und weiterrühren, bis die Konsistenz eines Kartoffelpürees erreicht ist. Eventuell mit Salz abschmecken und das Garam Masala gut unterrühren. Nun kommt das Wichtigste, weil es Gefühls- und Geschmackssache ist: Soviel Olivenöl (50–100 ml) einrühren, bis eine glänzende, satt cremige und wohlschmeckende Brandade entsteht, und mit Zitronensaft abschmecken.

Den Fenchel in Streifen schneiden. Mit Gemüsewürfeln, Rot- und Portwein sowie Tomatensaft, Tomaten, Knoblauch, Pfeffer und Wasser in einen Topf geben. Kurz aufkochen, auf sehr kleine Hitze zurückschalten und mindestens 3–4 Stunden köcheln lassen. Durch ein Sieb mit Tuch gießen und gut abtropfen lassen. Je 5 cl Rot- und Portwein soweit einkochen lassen, bis die Flüssigkeit verschwunden ist. Den Fenchelfond darauf gießen und auf ein Drittel einkochen. Die Butter zugeben und, was ungewöhnlich ist, stark mitkochen. Wenn sich die Butter trennt, mit einem Mixstab wieder emulgieren. Den Vorgang so oft wiederholen, bis eine sehr konzentrierte, kräftig glänzende Sauce entsteht. Wenn sie gut gemacht ist, braucht sie kein Salz.
Die Chorizo enthäuten und in 1 cm starke Scheiben schneiden. Mit 1 EL Pflanzenöl in eine Pfanne geben und für etwa 5 Minuten in den auf 200 °C vorgeheizten Ofen schieben. Die Chorizo muss dabei fast ihr ganzes Fett abgeben, sodass sie ganz leicht wird. Die Chorizostücke auf ein Sieb gießen und das Fett aufbewahren. Wenn die Wurst ausgekühlt ist, lässt sie sich in einem Mörser in streuselgroße Stücke zerstoßen. Den Fisch filieren und in gleich große Stücke teilen. Salzen, pfeffern, in Mehl wälzen und abklopfen. Das restliche Öl erhitzen und die Fischstücke auf jeder Seite 3 Minuten braten. Chorizostreusel, Butter und 1 EL Chorizofett zugeben. Den Fisch mehrmals damit übergießen und anrichten.
Die heiße Brandade auf die Teller streichen und den gebraten Fisch darauf setzen. Die Streusel darüber geben und mit etwas Fett beträufeln. Die Sauce sparsam angießen und servieren.

Glühweingewürz

Für viele meiner besten Freunde und Kollegen, die mich seit langen Jahren begleiten, bin ich der Genießer in Person – was auch unschwer an meinem Leibesumfang zu erkennen ist. Jedoch nicht nur dem guten Essen bin ich zugetan, sondern auch den guten Tropfen. Bedingt durch meine Jugend in einem kleinen Weinbaubetrieb waren schon von jungen Jahren an die Geschichte, die Herstellung und natürlich vor allem die Verkostung und der Verzehr von Weinen aus aller Welt und der besten Qualitäten eines meiner größten Hobbys. Wie in der Musik, der ich mit ebensolcher Begeisterung verbunden bin, besteht die Welt des Weines nicht nur aus glanzvollen Höhepunkten – wer mag (und kann) sich schon jeden Tag einen großen Lafite, einen Mouton oder einen Côte Rôti durch die Kehle fließen lassen. Gelegentlich greife ich auch gern auf einen ehrlichen Alltagswein zurück, trinke einen Schoppenwein oder, wenn es die Außentemperaturen zulassen, einen Glühwein, der mir Herz, Körper und Finger erwärmt. Doch die wirklich unsäglichen Fertigglühweine sowie die in Beuteln abgepackten Glühweingewürze, die aus zwei bis drei verschiedenen Zutaten zu bestehen scheinen, machten mir diesen Genuss fast leid.

Also begann ich, selber ein Gewürz zu entwickeln, das mir, meinen Freunden und natürlich meinen Kunden das Vergnügen eines einfach herzustellenden Glühweines garantieren sollte. Begleitet von vielen Selbstversuchen, mit verschiedenen Gewürzzusammensetzungen und den unterschiedlichsten Weinen habe ich diese Mischung – aus Hagebuttenschale, Sternanis, Zimtblüten, Macis, langem Pfeffer, Orangenblüten, Rosenblüten, Tonkabohnen, Gewürznelken, Vanille, Zitronengras, Wacholderbeeren, Zitronenschale und Kardamomsaat – zur Serienreife entwickelt. Ihr positiver Nebeneffekt ist, dass man sie durchaus für mehr verwenden kann als für heiße alkoholische Getränke. So gebe ich damit dem biederen Rotweinkuchen eine neue Dimension, indem ich ihn mit meinem Glühweingewürz parfümiere. Man kann auch erwärmte Schokolade hauchdünn auf Papier streichen und kurz vor dem Erstarren damit bestreuen. An dem Vorhaben, aus diesem wunderbar duftenden Gewürz eine Seife herzustellen, arbeite ich noch. Wer weiß ...?

Kommentar von J. Dollase: Zugegeben, das klingt auf den ersten Blick ziemlich verwegen und nach einem ziemlich schwer im Magen liegenden Vergnügen. Aber natürlich täuscht der Schein, weil hier mit deutlich zurückgenommenen Aromen gearbeitet wird, die im Falle des Glühweins durch die Verbindung des Aromas mit der Textur eines lockeren Kuchens erreicht wird, im Falle der Lakritze durch die mit Kirschen und Creme-Eis. Apropos „Lakritze". Basis ist eigentlich ein Produkt namens Süßholz, aus dessen Saft (plus weiteren Zutaten) Lakritze hergestellt wird. Das Süßholz wiederum hat in der Küche durchaus eine Tradition und im Übrigen auch ein Aroma, das sich mit seiner leichten Süße in vielen Verwendungen recht gut einfügt. Wie in verschiedenen Zubereitungen gleicht Ingo Holland auch hier die Süße des Eises durch eine kleine Prise Salz aus. In dieser Proportion entsteht durch eine solche Maßnahme kein Gefühl von süß-sauer, sondern eine Abrundung und Verbreiterung des Geschmacks.

Glühweinkuchen

mit Creme-Eis von Lakritze, Schwarzkirschen und Meersalz

Glühweinkuchen

125 g	weiche Butter (und etwas Butter › zum Einfetten)
60 g	Biskuitbrösel (und 1 EL › zum Ausstreuen)
100 g	heller Rohrzucker
1	Vanillestange
1 EL	Glühweingewürz (im Mörser › nochmals zerrieben)
60 g	Mehl
½ TL	Backpulver
½ TL	Kakaopulver
60 ml	Rotwein (kräftige Qualität)
2	Eier
50 g	bittere Schokolade (70 %)

Vier Souffléformen sorgfältig ausbuttern und mit Biskuit- oder Semmelbröseln ausstreuen. 125 g weiche Butter mit Zucker, Vanillemark und Glühweingewürz sehr schaumig aufschlagen. Biskuitbrösel, Mehl, Backpulver und Kakao vermischen. Diese Mischung abwechselnd mit nicht zu kaltem Rotwein und Eiern in die Buttermasse rühren. Das ist wichtig, da der Teig sonst gerinnt. Die fein gehackte Schokolade unterheben und den Teig in die Förmchen füllen. Etwas glatt streichen und bei 180 °C etwa 20 Minuten backen.

Creme-Eis

250 g	entsteinte reife, dunkle Kirschen
200 g	heller Rohrzucker
500 ml	flüssige Sahne
10 g	Lakritzstange (pure, harte Qualität)
6	Eigelbe
2 Msp.	Meersalz

Die Kirschen zusammen mit 80 g Zucker über Nacht Saft ziehen lassen. Am nächsten Tag köcheln lassen, bis eine marmeladenartige Konsistenz entsteht. 80 Prozent der Sahne mit dem restlichen Zucker und der fein gestoßenen Lakritze aufkochen. Die Eigelbe mit der restlichen Sahne glatt rühren. Sobald die Lakritz-Sahne kocht, die Eigelbe schnell einrühren, bis die Masse leicht andickt. Vom Feuer nehmen und durch ein Sieb gießen. Mit einem Mixstab aufmixen und dabei das Salz und die Kirschmasse zugeben. Die Kirschen nur kurz mitmixen, damit sie nicht völlig zerkleinert werden. Diese Creme muss in der Eismaschine gefroren werden, weil sich die Kirschen sonst absetzen würden. Sobald das Eis cremig gefroren ist, aus der Maschine nehmen und im Tiefkühlfach aufbewahren.

Banyuls-Sabayon

3	Eigelbe
1 EL	heller Rohrzucker
80 ml	Rotwein (Banyuls oder Maury)

Die Eigelbe mit Zucker und Rotwein in einer Schüssel auf dem Wasserbad cremig schlagen.

Anrichten

	Puderzucker
4	Süßholzstangen
	Kirschkompott

Die Sabayon auf vier Teller verteilen, den noch warmen Kuchen stürzen und zusammen mit dem Eis anrichten. Mit Süßholzstangen und Kirschkompott garnieren und mit Puderzucker bestäuben.

Grüner Thaicurry

Vor einigen Jahren führte ein Zufall eine junge Thailänderin als Mitarbeiterin in mein Restaurant. Bis dato hatte ich keinerlei Erfahrung mit der thailändischen Hausfrauenküche, doch Nu, so war ihr Name, wies mich in das eine oder andere Geheimnis ein. Nam Prik und rote sowie grüne Thaicurrypaste gehören mittlerweile zu unserem Standardprogramm. Der grüne Thaicurry hat ein Aroma von Kräutern, Gemüsen und Gewürzen, das einem in dieser Konzentration von Frische und Kraft fast den Atem zu nehmen droht. Ich liebe diese Gewürzpaste, weil ihre Vielfältigkeit schier keine Grenzen zu kennen scheint. Durch eine ausgewogene Verteilung von Schalotten und Knoblauch, mit Zitrus- und Kräuteraromen und einem nicht zu geringen, aber doch europäisch dimensionierten Chilianteil und verschiedenen trockenen Gewürzen hat sie ein Aromenspiel, das sie nicht ausschließlich für Fisch, Geflügel und Krustentiere prädestiniert. So habe ich auch schon einige Vinaigrettes und exotische Desserts damit hergestellt, wie zum Beispiel Ivoire-Ananas mit Thaicurry und Rosenwasser im Pergament gebacken und Kokoseis oder Goldbanane in Thaicurry geschmort. Und das, obwohl in diesem Gewürz auch Bestandteile sind, die man normalerweise nicht unbedingt für Desserts verwendet, doch das macht die Sache spannend: Knoblauch, Schalotten, Kaffernlimonenblätter und -schale, frischer Galgant, Korianderwurzel und -blätter, grüne Chilis, Zitronengras, Muskatnuss, Macis, weißer Kardamom, Kreuzkümmel, Korianderkörner und Sternanis. Man kann die Paste mit Kokosmilch in der typisch thailändischen Suppe „Tom Yam" mit Crevetten und Gemüse kombinieren oder mit Fisch vom Grill, den man mit in Öl angerührter Thaicurrypaste bepinselt. Die Einsatzmöglichkeiten sind fast unbegrenzt. Unser Gericht ist nur eine Variation von vielen.

Colonialwarenhandel
"Altes Gewürzamt"
63911 Klingenberg
grüne
Thaicurrypaste
Inhalt 100 Gramm
Zutaten: Echalotten,
Chilis, Kräuter,

Kommentar von J. Dollase: Die klassische Gänsestopfleber wird seit Urzeiten gerne mit mehr oder weniger süßlichen Elementen begleitet. Die Variante von Ingo Holland nimmt das auf, glänzt dann aber mit einer breiten Palette exotischer Gewürze. Hier zahlt sich aus, dass Holland eine langjährige Erfahrung mit diesen Gewürzen hat und souverän die Proportionen beherrscht. Beim Mangochutney sollte man einmal darauf achten, welche „Seriosität" das süße Fruchtaroma annehmen kann, wenn man es wie hier mit einem Gewürzstrauß von erdigen über fruchtige bis zu leicht scharfen Noten begleitet. Das Ergebnis sollte immer lauten, dass man Mango „noch nie so gut gegessen hat". Dann stimmen die Proportionen. Die im Mund schmelzende Stopfleber profitiert aber nicht nur von den Aromen, sondern auch von einem dezenten Spiel mit Texturen und Temperaturen. Da haben winzige Elemente wie die Erdnussstückchen, die Korianderblätter oder die – mit Absicht – kühlen Mangowürfel eine wichtige Funktion. Man erschließt beim Essen immer wieder neue Aromen, während die Stopfleber schmelzend den Mundraum ausfüllt.

Gegrillte Gänsestopfleber

auf kalt gerührtem Mangochutney mit grüner Thaicurry-Vinaigrette und Verveine-Beignets

Gänsestopfleber

4	Scheiben frische Gänsestopfleber › (à 60–70 g)
	Natursalz
	weißer Pfeffer aus der Mühle
	etwas Mehl
	einige Tropfen Pflanzenöl

Die Leber salzen, pfeffern, mit Mehl bestäuben und wieder abklopfen. Eine Grillpfanne oder einen Gartengrill mit einem geölten Lappen oder Küchenkrepp einreiben, gut anheizen und die Leberscheiben von beiden Seiten grillen. Dadurch ergibt sich ein Grillmuster, und es hat den Vorteil, dass die Leberscheiben nicht am Rost hängen bleiben.

Mangochutney

1	vollreife Mango
	Natursalz
	Saft von 1 Limone
20 g	frische Ingwerwurzel
2	Bird-Eye-Chilis
1 TL	Niora
1	Zweig Koriander
4	gehackte Blätter Thaibasilikum
2 Msp.	Nigella (ganz)

Die Mango schälen, in Scheiben von etwa 4 mm und diese in gleichmäßige Würfel schneiden. Das Fruchtfleisch, das am Kern verbleibt, sorgfältig ablösen, pürieren und mit Salz, Limonensaft, geriebenem oder fein gewürfeltem Ingwer und den zerstoßenen Chilischoten abschmecken. Niora, fein gehackten Koriander, Basilikum und Nigella sowie die Mangowürfel unterrühren und kalt stellen.

Thaicurry-Vinaigrette

300 ml	Orangensaft
50 ml	Olivenöl (leichte, frische Qualität)
50 g	grüne Thaicurrypaste
	Natursalz
1 EL	Limettensaft
1 Prise	Rohrzucker
20 g	geröstete Erdnüsse
½ TL	fein gehackter Blattkoriander

Den Orangensaft auf die Hälfte reduzieren und abkühlen lassen. Mit Olivenöl, grüner Currypaste, Salz und Limettensaft zu einer glatten Vinaigrette rühren. Eventuell mit etwas Zucker abschmecken. Die Erdnüsse und den gehackten Blattkoriander einrühren.

Beignets

40 g	Mehl
10 g	Maisstärke
70 ml	Mineralwasser mit Kohlensäure
2 Msp.	Natursalz
2 Msp.	Backpulver
4	nicht zu kleine Verveinespitzen
500 ml	Pflanzenöl

Aus Mehl, Stärke, Mineralwasser, Salz und Backpulver einen glatten Teig rühren. Die Verveinespitzen in etwas Mehl wälzen, durch den Teig ziehen und im heißen Öl goldbraun frittieren. Auf Küchenkrepp abtropfen lassen.

Das Chutney in der Mitte der Teller anrichten, die frisch gegrillte Leber heiß darauf setzen und mit der Vinaigrette nappieren. Je ein Beignet anlegen und servieren.

Kräuter der Provence

Waren Sie schon einmal in der Provence? Mich zieht es seit Jahren nur noch in diese Gegend. Es ist warm, die Menschen sind nett, es gibt tolle unprätentiöse Speisen, also auch ganz Alltägliches, wirklich tolle Weine und Sonne. Ach ja, und der Geruch dort, der ist alleine eine Reise wert. Wenn man nicht gerade mit einer Erkältung und triefender Nase geschlagen ist, kann man (oder zumindest ich) sich den ganzen Tag mit Schnüffeln beschäftigen. Diese Aromen, diese Düfte, mein Gott, ist das wunderbar! Ich bin ein Nasenmensch, das muss ich gestehen. Auch in den heimischen Gefilden bin ich den ganzen Tag dabei, zu schnuppern und meinen Geruchssinn zu schulen. Doch dort unten trifft meine Nase alle paar Meter auf einen neuen paradiesischen Duft. Eine Fahrt in die Lavendelfelder bei Sault wird sie schon ein erstes Mal sensibilisieren.

Dann der Duft des überall am Wegesrand stehenden wilden Fenchels, dessen Süße schon Appetit auf gebratenen Loup de mer macht. Dann weiter, vorbei an den „provenzalischen Brenneseln“, dem Rosmarin, der wirklich überall wächst, wie Unkraut. Unglaublich. Weiter auf der Straße, die sich durch das Tal windet, zu den Lavendelfeldern. Der ganz subtile, feine Duft echten Lavendels steigt ganz langsam in Richtung der Riechzellen. Wenn man aus dem Wagen steigt und in den Felder plötzlich das würzige Aroma von Sariette erkennt, ist der Appetit kaum noch zu zügeln. Zurückgekehrt in die Urlaubsunterkunft überfällt einen der schwere Duft frischen Basilikums. Was ich damit sagen will, ist, dass die Kräuter der Provence überall sind. Sie gehören zu dieser Landschaft wie die Berge in die Alpen. Ich liebe die „Herbes de Provence“, da sie mich in den Urlaub einstimmen, der mir noch bevorsteht: Sariette, Basilic, Romarin, Marjolaine, Sauge, Thym (alles auf Französisch, zum Üben für die nächste Provencereise).

Die Kräuter der Provence sind ausgesprochen vielseitig verwendbar, angefangen bei einer provenzalischen Fougasse mit Käse und Oliven über das Ratatouille und die Oliventapenade bis zu den geschmorten Tomaten, oder auch als Würze im Boeuf en daube, in viel Rotwein schwimmend. Unser Tortiol corse, ein warmer Ziegenkäsekuchen mit Herbes de Provence und Oliveneis, vereint all diese Düfte und Aromen.

Kommentar von J. Dollase: Wichtig für das Gelingen dieses Käsegerichtes (oder besser: Käsedesserts) ist der richtige Ziegenquark. Dieser Quark (man könnte sich auch einen sehr frischen Picodon vorstellen) hat in der Regel nur eine gewisse, typische Säure, aber keinerlei ausgeprägtes Ziegenaroma. In Südfrankreich findet man häufig solche Käse fertig mit Oliven belegt. Hier nun ist dieser Akkord aufgeteilt zwischen dem Törtchen und einem Oliveneis, was vor allem für eine sensorische Belebung sorgt. Wundern Sie sich nicht über so etwas wie ein Oliveneis! Auch die Kombination von Olive mit süßen Elementen (darunter auch mit Schokolade!) hat durchaus Tradition. Und wenn dann auch noch Lavendel dazukommt, ist das Bild des wunderbar speziellen, mediterranen Käsedesserts komplett. Zum längeren Erhalt seines gekühlten Zustandes kann man das Eis auch getrennt servieren.

Für 4 Personen

„Tortiol corse“ korsischer Ziegenkäsekuchen mit Kräutern der Provence, confierten Zwergorangen und Creme-Eis von schwarzen Oliven

Zwergorangen

100 g	gewaschene Zwergorangen (Kumquats)
250 ml	Orangensaft
125 g	heller Rohrzucker

Am Vortag die Zwergorangen halbieren und den Stielansatz sowie eventuell vorhandene Kerne entfernen. Orangensaft mit Rohrzucker aufkochen, die Zwergorangen zugeben und mindestens 30 Minuten leicht köcheln lassen. Wenn sie glasig aussehen, mit einer Schaumkelle herausnehmen und den Rest des Sirups auf die Hälfte reduzieren. Die Zwergorangen wieder zugeben, in ein verschließbares Gefäß füllen und bis zum nächsten Tag kalt stellen.

Creme-Eis

400 ml	Sahne
8	Eigelbe
160 g	heller Rohrzucker
80 g	schwarze getrocknete Oliven ohne Kern (nicht eingelegte oder marinierte, ohne Öl)

Ebenfalls am Vortag ⅕ der Sahne mit den Eigelben glatt rühren. Den Rest der Sahne mit dem Rohrzucker zum Kochen bringen. Sobald die Sahne aufkocht, das Sahne-Ei-Gemisch mit einem Schneebesen kräftig einrühren. Weiterrühren, bis die Masse leicht bindet. Sofort durch ein Sieb gießen. Die gehackten Oliven einstreuen und gut verrühren. 5 Minuten ziehen lassen. Wenn eine Eismaschine vorhanden ist, darin cremig frieren. Ansonsten in ein Kunststoffgefäß füllen und über Nacht im Tiefkühlfach einfrieren.

„Tortiol corse“

250 g	frischer Ziegenquark
2	Eier
1	Eigelb
65 g	heller Rohrzucker
	Saft und Schale von 1 ungespritzten Zitrone
30 g	Weizenmehl Typ 550
1 Prise	Natursalz
½ TL	fein gehackte Kräuter der Provence
1 EL	geschlagene Sahne
30 g	flüssige Butter
40 g	Biskuitbrösel oder geriebenes Toastbrot

Den Ziegenquark mit Ei, Eigelb, Zucker, Zitronensaft und -schale, Mehl und Salz glatt rühren. Die gehackten Kräuter der Provence und die geschlagene Sahne unterheben. 4 flache runde Tarte-Formen (10 cm Durchmesser und 2 cm hoher Rand, am besten beschichtet) mit der flüssigen Butter sorgfältig ausstreichen und mit den Bröseln ausstreuen. Die Masse bis ungefähr 2 oder 3 mm unter dem Rand einfüllen. Den Ofen auf 180 °C vorheizen. Die Kuchen so lange backen (etwa 5 Minuten), bis die Masse auf die Höhe des Formrandes aufgestiegen ist. Aus dem Ofen nehmen und sich setzen lassen. Das Ganze etwa 3–4 Mal wiederholen, bis die Kuchen ganz gestockt sind und eine appetitliche Farbe angenommen haben.

Anrichten

	Lavendelöl
	Lavendelblüten
	Puderzucker
4	Minzespitzen

Die Kuchen vorsichtig stürzen und mit der gebräunten Schicht nach oben anrichten. Jeweils 6–7 halbe Zwergorangen außen herum drapieren. Das Öl darüber träufeln und mit einigen Lavendelblüten bestreuen. Das Eis auf den Kuchen platzieren, mit Puderzucker bestäuben und mit je einer Minzespitze dekorieren.

Melange noir

Melange noir, die schwarze Mischung. Das ist absolut keine klassische Gewürzmischung, sondern eine sozusagen aus der Not geborene Eigenkreation. Immer wieder bin ich darauf angesprochen worden, warum wir denn keine bunte Pfeffermischung anbieten, und immer wieder musste ich erklären, dass eine Mischung aus drei total unterschiedlichen Pfeffern mit sehr konträren Aromen und einem Pfeffer, der nicht im Entferntesten einer ist, für mich persönlich keinesfalls einen Sinn ergibt. Auch in meinem Restaurant habe ich mich stets geweigert, Gerichte auf meine Speisekarte zu setzen, deren primärer Stellenwert die Optik und nicht der Geschmack ist. Diese Philosophie wollte und will ich in meinem Gewürzamt heute und auch in Zukunft nicht aufgeben. Deswegen habe ich drei Pfeffer, drei schwarze Pfeffer, miteinander vermählt, die durchaus einen mannigfaltigen Einsatz und ein großes Geschmacksspektrum haben: das wunderbar frische, ätherische, leicht zitrusartige Aroma unseres Malabarpfeffers mit seiner würzigen Schärfe, der so befremdlich aussehende, aber durchaus echte lange Pfeffer mit seinem besonderen süßlichen, an Weihrauch und Spuren von Zimt und Muskatblüte erinnernden Aroma und der nicht echte Kubebenpfeffer. Nicht echt deswegen, weil er nicht der Familie der Pfeffergewächse zugehörig ist, aber die einem Pfeffer zugeordneten Attribute durchaus erfüllt. Diese drei Gewürze werden auf der gröbsten Stufe einer meiner Mühlen miteinander vermahlen, was den Vorteil hat, dass die ätherischen Öle nicht vollständig freigelegt werden und sich die Mischung dazu eignet, noch einmal in die Pfeffermühle gefüllt zu werden. Man kann damit Hartkäse würzen sowie vornehmlich dunkles Fleisch wie Wild, Rindfleisch oder Lamm. Ein Roastbeef oder eine Hochrippe am Stück gebraten und mit grobem Salz und Melange noir gewürzt: eine wahre Delikatesse. Vielleicht mein Lieblingsgewürz – aber nur vielleicht …

Kommentar von J. Dollase: Dieses Rezept ist sicherlich eine der modernsten Kreationen von Ingo Holland. Wir finden hier eine Verbindung zweier klassischer Linien aus unterschiedlichen Ländern. Das Tatar vom Rinderfilet gehört in ähnlicher Form (also mit den aromenreichen Kapern und Sardellen) mittlerweile zu den Standards der Spitzenküche, wobei auch die Kombination mit Ei durchaus erprobt ist. Auf der anderen Seite gibt es die Fisch-Fleisch-Kombination, die aus dem mediterranen Raum kommend auch bei uns ihre Freunde gefunden hat. Beim Essen sollte man den Fisch in den Mittelpunkt stellen und die Proportionen der anderen Aromen in Beziehung zu ihm bestimmen. Beim Tatar hat man am besten ein gutes Auge auf die Kapern, die in der richtigen Menge eine hervorragende Würze abgeben, bei Überdosierung aber schnell alles andere erdrücken. Die getrocknete Fischhaut ist ein sehr schön nutzbarer Kross-Effekt, dessen Aroma übrigens in keiner Weise problematisch ist.

Für 4 Personen

Tatar vom Färsenfilet

mit Melange noir, Tranche vom Loup de mer und gesalzenem Eigelb

Loup de mer

1 kg	Loup de mer (Angelware)
	Natursalz
	weißer Pfeffer aus der Mühle
	Mehl
2 EL	leichtes Olivenöl (eventuell aus Griechenland, Kreta)

Den Loup de mer wegen der Verletzungsgefahr zuerst von den Flossen befreien. Sodann äußerst sorgfältig schuppen und die Filets von den Gräten lösen. Unbedingt nachschuppen, da die Haut auch verspeist werden soll. Die beiden Filets in je 2 gleichmäßige Tranchen portionieren, salzen, pfeffern und die Hautseiten mit Mehl bestäuben. In einer Pfanne das Olivenöl nicht zu heiß werden lassen. Die Filetstücke auf der Hautseite einlegen und etwas andrücken, damit die Haut komplett braten kann. So lange in der Pfanne belassen, bis die Haut goldbraun ist. Die Filets wenden und auf der Fleischseite gerade so lange braten, dass sich die Poren schließen. Sofort aus der Pfanne nehmen und auf einen kalten Teller legen. Noch warm die Haut vom Filet lösen und im Bratfett bei geringer Hitze kross braten. Auf Küchenkrepp abtropfen und darauf belassen. Die Pfanne mit dem restlichen Bratfett beiseite stellen.

Tatar

200 g	sehr frisches Rinderfilet (von der Färse, aus dem Filetkopf geschnitten)
½ TL	fein gehackte Kapern
1–2	fein gehackte Sardellenfilets
1	fein gehackte Schalotte
2	fein gehackte Cornichons
½ EL	Tomatenmark
1 EL	Portwein
½ TL	Melange noir (schwarze Pfeffermischung aus dem Gewürzamt)
2 TL	Olivenöl
1	sehr frisches Eigelb
4 EL	Pflanzenöl

Das Filetstück von allen Sehnen befreien. Zuerst in sehr dünne Scheiben, dann ich Streifen und kleinste Würfel schneiden. Auf einen großen Teller geben und Kapern, Sardellen, Schalotte, Cornichons, Tomatenmark, Portwein und Melange noir zufügen. Öl darüber träufeln, das Eigelb dazugeben und alles mit einer Gabel gut durchmischen. Das Tatar soll geschmeidig und pikant sein. 4 akkurat gleich große Plätzchen formen und in heißem Öl von beiden Seiten kurz anbraten.

Anrichten

40 g	Butter
4	sehr frische Eigelbe
	Natursalz
1 TL	gehackte glatte Petersilie

Das Tatar auf heißen Tellern anrichten. Den Fisch nochmals in die Pfanne mit dem Bratfett und schäumender Butter einlegen und bei niedriger Hitze glasig braten. Die Eigelbe mit dem Salz glatt rühren und mit der Petersilie vermischen. Den Fisch auf das Tatar setzen und mit ein paar Tropfen Bratbutter beträufeln. Die Eigelbe wie eine Sauce außen herum gießen. Die Fischhaut anlegen und servieren.

Molé

Mit einem Gewürz namens Molé hatte ich vor einigen Jahren meine erste Berührung. Gäste erzählten mir, dass es eine Paste sei, die unvorstellbarerweise aus Schokolade, Chili, Zimt, Nelken und verschiedenen Nüssen bestehe. Begeistert und neugierig wartete ich auf den nächsten Besuch dieser Gäste, die allerdings weit anzureisen hatten und deswegen leider nur selten zu uns kamen. Schließlich war es soweit, und sie brachten das Gewürz mit. Rein optisch war es eine Enttäuschung: eine dunkelbraune, feste, unansehnliche Paste, die mir ein wenig Angst machte. Doch als ich das Glas öffnete und schnupperte: welch ein Duft nach Schokolade, Mandeln und Gewürzen. Zu Geflügel solle ich dies Gewürz verwenden, Pollo wie man in seiner mexikanischen Heimat sagt. Ich hatte just in diesem Moment eine andere Assoziation: Wild, Reh, Hirsch und Wildgeflügel würden sich sicher über dieses Gewürz freuen. Soviel wusste ich nun schon mal. Aber mit der Optik hatte ich noch meine Probleme. Eine Paste, unappetitlich, schwierig aufzubewahren und zu konservieren. Warum nicht auch als Pulver? Also stellte ich mich einige Tage in meine Küche und bastelte, bis ein wundervoll duftendes, ansprechend aussehendes Gewürz aus verschiedenen Chilis, Knoblauch, Tomate, Schokolade, Kakao, Mandeln, Sesam, Erdnüssen, Zimt, Vanille, Nelken, Knoblauch, schwarzem Pfeffer, Rohrzucker und Korinthen in einer meiner Gewürzboxen lag. Die ersten Versuche mit einer Jus zum Rehrücken, den ich rosa gebraten und auf ein Avocadoragout gesetzt hatte, waren ein voller Erfolg. Mittlerweile hat sich diese trockene Molé-Art durchgesetzt und viele Liebhaber gefunden, darunter auch mich. Rebhuhn, Wildschwein, Hirsch oder auch Gänseleber kann man damit verfeinern. Wer eine runde, aromatische und pikante, vielleicht auch etwas experimentelle Küche liebt, wird mit diesem Gewürz viel Freude haben und mit ein wenig Kreativität sicherlich einige Highlights in seine Küche zaubern.

Kommentar von J. Dollase: „Latwerge" ist normalerweise der Name für ein gewürztes Pflaumen- oder Birnenmus. Ingo Holland benutzt hier „nur" Portwein, wobei der Qualität des Portweins auch hier keine Grenzen gesetzt sind. Man hat sich ein wenig daran gewöhnt, dass es „Kochwein" oder auch einfachen Portwein zum Kochen gibt. Es ist aber ein Fehlschluss, dass es nicht nötig ist, dort eine bessere Qualität einzusetzen. Profis machen das oft so: sie benutzen zum Beispiel einen einfachen, aber klar strukturierten Wein als Basis und schmecken zum Schluss mit einem guten Wein der gleichen Rebsorte ab. „Molé" ist eine sehr ungewöhnliche Mischung, die man vielleicht als eine Art gewürztes Kakaopulver bezeichnen könnte. Dabei halten sich süße Bestandteile wie Korinthen oder Vanille und herzhaftere, scharfe Bestandteile von Chili über Tomatenflocken bis zu Knoblauch präzise die Waage. Die Verwendung von Kakao (oder aufgelöster Bitterschokolade) in dunklen Saucen zu Fleisch und besonders Wild oder Wildgeflügel hat zum Beispiel in Südfrankreich eine lange Tradition.

Für 4 Personen

Rebhuhnbrüstchen

auf Backpflaumen-Latwerge mit kleinem Mais-Koriander-Kuchen und Molé-Jus

Rebhuhnbrüstchen

4	Rebhuhnbrüstchen › (2 wilde gerupfte und › ausgenommene Rebhühner)
	Natursalz
	schwarzer Pfeffer aus der Mühle
1 EL	Pflanzenöl
25 g	Butter

Molé-Jus

250 g	Röstgemüse (50 % Zwiebeln, › 25 % Karotten, 25 % Staudensellerie)
50 ml	Pflanzenöl
30 g	Tomatenmark
550 ml	kräftiger Rotwein
2	Rebhuhnkarkassen mit Keulen
70 ml	roter Portwein
1 EL	Maisstärke
2 TL	Molé-Gewürzmischung
	Natursalz
	dunkler Balsamessig

Latwerge

100 g	klein geschnittene Backpflaumen › ohne Stein
200 ml	roter Portwein
	Natursalz

Maiskuchen

1	Dose Maiskörner (425 ml)
1 EL	Crème fraîche
40 g	Mehl
1	Ei
	Natursalz
	Muskatnuss
1 TL	Backpulver
½ TL	gehackter Blattkoriander
4 EL	Pflanzenöl

Anrichten

10 g	Chilifäden
4	Korianderspitzen
250 ml	Pflanzenöl

Die Rebhühner auslösen, das heißt die Brüste samt Flügelknochen vom Brustkorb schneiden und die Keulen abtrennen. Karkassen und Keulen gut abwaschen. Ohne Fett im Backofen bei etwa 200 °C nicht zu dunkel rösten. Die Rebhuhnbrüste salzen und pfeffern. In heißem Öl auf der Hautseite zart Farbe annehmen lassen. Die Hitze reduzieren, Butter zugeben und noch etwa 3–4 Minuten braten. Wenden und mit der schäumenden Butter übergießen. Aus der Pfanne nehmen und warm stellen.

Das Röstgemüse in sehr heißem Öl anbraten. Die Hitze reduzieren, damit das Gemüse nicht zu dunkel röstet. Tomatenmark hinzugeben und 3–4 Minuten mitrösten. Dabei immer wieder gut vom Topfboden lösen. Mit dem Drittel eines halben Liters Rotwein ablöschen und einkochen. Den Vorgang mit dem zweiten und dritten Drittel wiederholen. Die gerösteten Rebhuhnkarkassen und die Keulen dazugeben und soviel kaltes Wasser angießen, dass die Knochen gerade so bedeckt sind. Kurz aufkochen und dann auf kleine Hitze zurückschalten. Abschäumen und etwa 1 Stunde köcheln lassen. Durch ein Tuch passieren. Den Portwein in einem kleinen Topf komplett verdampfen, aber nicht karamellisieren lassen.

Den Rebhuhnfond darauf gießen und ganz langsam auf maximal 150 ml einkochen. Nochmals aufkochen, 50 ml Rotwein und die Maisstärke miteinander verrühren und die kochende Flüssigkeit damit leicht abbinden. Die Molé einstreuen und 2–3 Minuten mitkochen. Mit Salz und Balsamessig abschmecken und durch ein feines Sieb gießen. Zugedeckt warm stellen.

Die Backpflaumen in einem Töpfchen mit Portwein und Salz aufkochen. Zugedeckt in den 180 °C heißen Ofen schieben. Ab und zu umrühren, bis das Ganze eine pastöse Konsistenz erreicht hat – das dauert etwa 45 Minuten. Aus dem Ofen nehmen und zugedeckt beiseite stellen.

Den Dosenmais auspressen und in einen hohen Kunststoffbecher geben. 2 EL davon entnehmen und beiseite stellen. Crème fraîche, Mehl, Ei, Salz, Muskat und Backpulver zugeben und mit einem Mixstab zu einem dicklichen, aber homogenen Teig mixen. Den Blattkoriander sowie die restlichen Maiskörner einrühren. Sehr wichtig ist eine Bratprobe, da verschiedene Mehlqualitäten, differierende Eigrößen usw. die Konsistenz des Teiges beeinflussen können. Sollte der Teig zu weich sein, ein wenig Mehl zugeben und durchmischen. Je 4 Küchlein pro Person in sehr wenig Fett braten. Auf einen Teller legen, sodass man sie zu gegebener Zeit nochmals kurz erhitzen kann.

Die Küchlein im Ofen erwärmen. In einer Reihe in der Tellermitte anrichten. Heißes Latwerge darauf setzen und die rosa gebratene Rebhuhnbrust darüber legen. Mit der Sauce leicht übergießen. Die Chilifäden eine Sekunde lang in heißem Öl frittieren und zusammen mit je einer Korianderspitze dekorativ anlegen.

Panch Phoron

Panch Phoron ist eine klassische nordindische Gewürzmischung, die in der bengalischen Küche verwendet wird: Sie besteht zu gleichen Teilen aus fünf verschiedenen Gewürzen. Diese Fünf-Gewürze-Mischung ist nicht scharf und ideal für Gemüse, Huhn und Fisch geeignet. Man kann sie allerdings auch anrösten in Ghee, der asiatischen geklärten Butter, die ursprünglich aus Yakmilch hergestellt wird. So gibt man über das Fett, das das Aroma der Gewürze angenommen hat, dem Curry oder dem Hülsenfruchtgericht eine würzige Note. Ich habe damit eine interessante Zubereitung kreiert, die optisch wie aromatisch gleichermaßen ein Genuss ist. So sieht die Ente in ihrem Lack aus, als würde sie einen glänzenden Mantel tragen, in den kostbare kleine Steine eingenäht sind. Bei diesen kleinen Steinen, die in Wirklichkeit gar nicht so kostbar, sondern durchaus bezahlbar sind, handelt es sich um braune Senfsaat, Nigella (Schwarzkümmel), Fenchelsamen, Kreuzkümmel (Cumin) und Bockshornkleesamen. Jeder dieser fünf ganzen Gewürzsamen hat ein ganz spezifisches Aroma, das wie die Haptik (beim Daraufbeißen) zu Unverwechselbarkeit und Spannung des Gerichts beiträgt. Wichtig für das Gelingen ist, dass die Gewürze vorher, besonders die Bockshornkleesaat, gut geröstet werden. Die Bockshornsaat, um einen beträchtlichen Teil der Bitterstoffe abzubauen, die anderen Gewürze, weil sie beim trockenen Röstvorgang (ohne Fett) erheblich an Aroma und Spannung gewinnen. Panch Phoron ist auch eine sehr schöne Dekoration in oder auf Reis und für selbstgebackenes Brot.

Kommentar von J. Dollase: Dieses Rezept ergibt so etwas wie die Gewürzente an sich. Das hat nichts mehr mit den oft langweilig und lieblos gegarten Entenbrüsten zu tun, sondern ist ein Kunstwerk an komplexer Aromatisierung. Durch die in drei Abschnitte gegliederte Garung wird eine Art Tiefenaromatisierung erreicht, die mit dem Kochen in einem hocharomatischen Sud beginnt, sich beim Braten fortsetzt und mit der Lackierung ganz im asiatisch inspirierten Stil beendet wird. Speziell der Lack mit der Panch-Phoron-Mischung (u. a. mit Fenchelsamen, Kreuzkümmel und Bockshornkleesamen) schafft ein unglaubliches „Enten-Erlebnis". An sich kann man die Ente in dieser Qualität auch ohne Zutaten essen. Das Sprossengemüse sollte man dennoch nicht verachten, weil es vor allem eine erfrischende Wirkung im Akkord mit dem aromengesättigten Entenfleisch hat. Seine Herstellung, Aufbau und Zutaten kann man sich auch für etwas anderes merken: So kann man auch ein ordentliches Wok-Gericht aufbauen.

Für 4 Personen

Barbarie-Ente

pochiert in Darjeeling und Gewürzen mit Panch Phoron lackiert auf Sprossengemüse

Lack

2 EL	Panch Phoron
150 ml	Fleisch- oder Geflügelbrühe
60 ml	Ketjap Manis (aus dem Asialaden)
3 EL	Zuckerrübensirup
3 cl	Reisessig
40 g	Butter

Ente

1	Barbarie-Ente (ca. 1,8 kg; › möglichst nicht ausgenommen)
6 l	Wasser
150 g	Meersalz
1	Knoblauchknolle
2 EL	Darjeeling-Tee
1 Hand	voll Verveineblätter
4	getrocknete Thai-Chilis
2 EL	schwarzer Pfeffer (Malabar)
½ EL	Wacholderbeeren
1 TL	ganze Zimtblüten
3	Lorbeerblätter
2 EL	Korianderkörner
5	Sternanis
6	Stangen in kleine Stücke gebrochenes › Süßholz
1 EL	Szechuanpfeffer
6	Gewürznelken
100 ml	Pflanzenöl

In einer großen flachen Pfanne das Panch Phoron bei nicht zu starker Hitze leicht rösten, bis die Saaten zu knistern beginnen. Mit der Brühe ablöschen. Ketjap Manis, Zuckerrübensirup, Essig und Butter zugeben und um ein Drittel reduzieren.

Die Ente abflämmen. Den Hals bis auf 3 cm und die Flügel bis auf den ersten Flügelknochen zurückschneiden. Bis auf Därme und Blut die Ente nicht ausnehmen; so bleibt beim Kochen die Form erhalten. In einem Topf Wasser mit Salz und der halbierten Knoblauchknolle aufkochen und Tee, Verveine und Gewürze zugeben. Umrühren, damit Tee und Gewürze quellen und ihr Aroma besser abgeben können. Die Ente zugeben und mit einem Teller beschweren, damit sie immer mit Flüssigkeit bedeckt ist. Etwa 1 Stunde bei niedriger Temperatur kochen, mindestens aber so lange, bis die Keulen gar, aber nicht weich sind. Die genaue Kochzeit lässt sich nicht auf die Minute angeben, weil sie vom Reifegrad des Fleisches abhängt. Ob die Keulen gar sind, stellt man fest, indem man mit einer dünnen Fleischgabel hinein sticht. Lässt sich die Gabel mit geringem Widerstand drehen, sind sie durch. Die Ente mit einer Schaumkelle aus dem Fond nehmen und ausdampfen lassen. In einer Pfanne das Öl erhitzen und die Ente rundherum goldbraun anbraten.

Sprossengemüse

100 g	frische Shiitakepilze
2	kleine Karotten
4	Stangen Frühlingslauch
1	rote Paprikaschote
8 cl	Erdnussöl
	Salz
2	fein gehackte Knoblauchzehen
30 g	frische fein gehackte Ingwerwurzel
3	frische rote fein geschnittene Chilis
100 g	Sojasprossen
5 cl	Fischsauce (aus dem Asialaden)
5 cl	Sushi-Essig
1 TL	Sesamöl
1 TL	gehackter Blattkoriander

Die noch heiße Ente in den „Lack" setzen. Den Sirup zum Kochen bringen und die Ente so lange damit übergießen, bis fast kein Sirup mehr in der Pfanne ist und die Ente wie gelackt aussieht. Keulen und Brüste auslösen und auf einem Teller im Ofen bis zum Anrichten warm stellen.

Shiitakepilze von den Stielen befreien und in Streifen schneiden. Karotte schälen und schräg in dünne Scheiben schneiden. Frühlingslauch putzen, das Grün abschneiden und in feine Ringe schneiden. Das Helle vom Lauch schräg in 1 cm dicke Stücke schneiden. Paprikaschote mit dem Gemüseschäler schälen. Vom Kerngehäuse befreien und in Rauten von 1 cm Seitenlänge schneiden. In einer Pfanne die Hälfte des Erdnussöls erhitzen und die Pilze braun anbraten. Salzen und auf ein kleines Sieb schütten, damit das Fett abtropft. Das restliche Öl erhitzen. Karottenscheiben zugeben und 1 Minute braten, die Paprika zugeben und ebenfalls kurz mitbraten. Das Helle vom Lauch, Knoblauch, Ingwer, Chili und Sprossen hinzufügen und gut durchbraten. Die grünen Frühlingslauchringe und die Shiitakepilze untermischen. Mit der Fischsauce und dem Sushi-Essig ablöschen. Mit Sesamöl aromatisieren und den Koriander unterrühren.

Das Gemüse auf heiße Teller verteilen und die Ente darauf anrichten. Den restlichen Sirup über die Entenstücke geben.

Purple Curry

Purple Curry? Noch nie gehört? Das glaube ich gerne. Ich muss gestehen, auch ich kenne dieses Gewürz noch nicht allzu lange. Es ist das jüngste Gewürzamt-Baby, quasi neugeboren. Da es einige unübersehbar positive Eigenschaften verbindet, koche ich sehr, sehr gerne damit.
Doch zuerst möchte ich Ihnen erklären, wie man dazu oder darauf kommt, ein violettes Curry zu mischen. Wie viele Gerichte durch Zufall in der Küche entstanden sind, gründet auch diese Mischung auf einem Zufall. Da bin ich ganz ehrlich. Dass ich ein Curry mischen wollte, war kein Zufall, da habe ich mir schon den Kopf zerbrochen, um alles gut zu verbinden, damit ein stimmiges, schmackhaftes und vor allem vielseitig einzusetzendes Gewürz entsteht. Zufälligerweise musste ich gerade eine größere Menge Hibiskussalz herstellen. Dazu werden die Hibiskusblüten sehr fein, eigentlich puderfein, gemahlen. Beim Absieben blieb eine nicht unbeträchtliche Menge tief violetter Hibiskusrückstände. Die waren mir, ehrlich gesagt, für den Eimer zu schade. Hibiskusblüten haben außer ihrer wunderbaren Farbe einen anderen unschätzbaren Vorteil, und das ist ihre Fruchtigkeit sowie die immense Säure, die in dieser schönen Blüte steckt. Ein Curry, schoss es mir durch den Kopf, ein Curry, das säuerlich frisch ist, nicht nur scharf, appetitlich aussieht durch die intensive Farbe und auch sonst vielschichtig in der Aromatik ist.
Nun ja, die erste Mischung war mal wieder ein Flop, wenn ich ehrlich bin, da die Hibiskusreste für ein Curry viel zu grob und auch nicht weiter zu vermahlen waren. Das nächste – aus Hibiskusblüten, Bockshornklee, Knoblauch, Macis, Nelken, Fenchel, Koriander, Kreuzkümmel, Ingwer, brauner Senfsaat, Zimtblüten, schwarzem Pfeffer, Kardamomsaat und Anissamen – schmeckte dann schon richtig klasse. Es war genauso, wie ich es mir vorgestellt hatte.
Die Hibiskusreste konnte ich nun leider doch nicht verwenden. Ganz im Gegenteil: da im Curry auch nur Hibiskusstaub ist, der genauso hergestellt wird wie für das Hibiskus-Salz, hat sich die Menge der Hibiskusblütenreste sogar verdoppelt. Ich hebe sie doch mal auf, vielleicht fällt mir ja noch etwas anderes ein.
Seinen Einsatz findet das Curry momentan in ähnlichen Zubereitungen wie bei dem Lotterücken: da wird es zu einer Paste angerührt und der Seeteufel damit eingestrichen. Oder man kann es in Joghurt rühren und Geflügel oder anderes Fleisch zum Grillen damit marinieren. Oder für eine interessante Currysauce mit Früchten und Gemüse, die man auch zu Fisch servieren kann.

Kommentar von J. Dollase: Der Purple Curry gehört zu der mittlerweile ganzen Reihe hervorragender Gewürzmischungen von Ingo Holland und hat so spezielle Zutaten wie Hibiskusblüten, Bockshornkleesamen oder Zimtblüte. Diese Mischung hat das, was die überragenden Produkte einiger weniger auf Gewürze spezialisierten Meisterköche der Welt alle haben: die Verbindung einer offensichtlichen Fremdartigkeit und Originalität und gleichzeitig eine sofort überzeugende Qualität in der subtilen Feinabstimmung. Mit dem Seeteufel steht ein gut belastbares Produkt im Mittelpunkt, das eine vielfältige Würze sehr gut verträgt. Der Salat ist die reinste sensorische Wundertüte, weil er nicht nur verschiedene Aromen, sondern auch Texturen bereithält. Im Gegensatz zum „normalen" Bild eines Salates wird er über den Teller verteilt und sollte für eine bessere Sensorik auch nicht zu stark vermischt werden. So ergibt sich beim Essen mit jedem Bissen ein wechselnder Geschmack, der dieses Gericht zu einem ausgesprochen interessanten Essen machen kann.

Für 4 Personen

Seeteufelrücken

mit Purple Curry gebraten auf Salat von grüner Mango mit Lauch-Ingwer-Marinade

Seeteufel

800–1000 g Seeteufel an der Gräte
Natursalz
1 TL Purple Curry
4 TL Olivenöl

Die große Flosse des Seeteufels großzügig abschneiden. Mit einem langen, sehr scharfen Messer die dunkle Haut sowie alle Hautpartikel und Blutflecken entfernen. Den Seeteufel mit Salz würzen. Das Purple Curry mit 2 TL Olivenöl zu einer Paste anrühren und mit einem Pinsel gleichmäßig auf dem Fisch verstreichen. In einer Pfanne das restliche Olivenöl erhitzen und den Fisch in die Pfanne legen. Mit dem heißen Fett übergießen. Für exakt 10 Minuten in den auf 200 °C vorgeheizten Ofen schieben. Dabei zweimal aus dem Rohr nehmen und wiederum mit dem heißen Fett übergießen. In der Pfanne abkühlen lassen.

Salat

2 grüne Thaimangos (aus dem Asialaden)
2 frische, kleine, scharfe grüne Chilis
1 TL Niora, grob gemahlener Paprika, nicht scharf
2 EL geröstete, grob gebrochene Macadamianüsse
1 TL fein gehackter Blattkoriander
heller Rohrzucker
Saft von 1 Orange
Saft von 1 Limone
5–6 Tropfen Sesamöl
20 ml Fischsauce (aus dem Asialaden)
1 Stange Frühlingslauch (nur das Grüne)

Die unreifen Mangos schälen, in sehr dünne Scheiben und danach in Juliennes (feine Streifen) schneiden. Auf einem großen Teller verteilen. Chilis in feine Ringe schneiden und darüber verteilen. Niora, Nüsse, Koriander und Zucker darüber streuen. Orangen- und Limonensaft, Sesamöl und Fischsauce darüber träufeln und alles miteinander vermengen. Das fein geschnittene Grün des Frühlingslauchs untermischen. Mit Fischsauce nachschmecken.

Lauch-Ingwer-Marinade

1 EL Olivenöl
1 TL Limonensaft
etwas Rohrzucker
Natursalz
1 TL fein geriebener Ingwer
1 Stange Frühlingslauch (nur das Weiße)

Öl, Limonensaft, Zucker, Salz und Ingwer glatt rühren. Das Weiße vom Frühlingslauch in feinste Ringe schneiden, dazugeben und mindestens 15 Minuten stehen lassen.

Anrichten

Fleur de sel
4 Kerbelzweige

Mit einem scharfen, glatten Messer die beiden lauwarmen Seeteufelfilets von der Mittelgräte lösen und schräg in jeweils 6 nicht zu dünne Tranchen aufschneiden. Dabei vorsichtig arbeiten, damit die Currypaste nicht verschmiert wird. Auf dem Salat anrichten. Mit Fleur de sel bestreuen und mit der Ingwermarinade einen schmalen Streifen aufsetzen. Mit Kerbel dekorieren und servieren.

Quatre-Epices

Quatre-Epices ist der Name für ein eher unspektakuläres Gewürz, französischen Ursprungs aus der vorrevolutionären Zeit, mit dem man meist Pasteten, Terrinen, Würste usw. würzte. Quatre heißt vier, Epices heißt Gewürze. Also steht Quatre-Epices logischerweise für eine Vier-Gewürze-Mischung, die durch die mangelnde Vielfalt etwas an Dynamik zu wünschen übrig lässt.

Wer allerdings mich und mein Gewürzamt kennt, weiß, dass Qualität und Spaß am Würzen an absolut vorderster Stelle stehen. Also habe ich mich daran gemacht, dem Gewürz, das wir als eines der ersten in unser Programm aufgenommen haben, ein Mehr an Aromenvielfalt und Dynamik zu verleihen: mit schwarzem Malabar-Pfeffer, Macis, Gewürznelken, gemahlener Galanga, Jamaikapfeffer, Zimtstange, Sternanis und Zimtblüten. So kann man es auch an anderer Stelle als den oben genannten einsetzen. Ich würze damit sehr gerne unsere Gänseleberzubereitungen und natürlich auch Würste und Terrinen, nur dass die jetzt viel aufregender schmecken. Es ist auch eine hervorragende Gewürzmischung im Süßspeisenbereich, beispielsweise für eine Gewürzkaffeemousse oder eine Linzertorte, die anstatt nur mit Zimt und Nelken eben auch mal mit Quatre-Epices aromatisiert wird. Oder auch für ein Gewürzbrioche, das man zu einer Terrine serviert. Oder ein Taubenbrüstchen mit Quatre-Epices gebraten, auf einem Brotsalat. Ihrer Phantasie sind eigentlich nie Grenzen gesetzt, wenn Sie mit Quatre-Epices oder auch einem anderen Gewürz subtil abschmecken und nicht zu dominieren versuchen. Wenn Sie mit wenig beginnen, haben sie immer noch eine Möglichkeit nachzuwürzen. Wenn Sie mit einer hohen Dosis beginnen, haben Sie gleich alles verspielt und keine Möglichkeit mehr, etwas gutzumachen. Sie werden bei fast allen unseren Gewürzen feststellen, dass Sie kaum mehr als vierzig Prozent der Menge eines vergleichbaren Industrie-Gewürzes brauchen werden, um zumindest einen gleichen, höchstwahrscheinlich aber einen besseren Effekt zu erzielen.

Kommentar von J. Dollase: Die Verwendung von Gewürzen im Zusammenhang mit Schokolade eröffnet einfach phantastische Perspektiven und ist – unabhängig von diesem Rezept – dringend zum Experimentieren zu empfehlen. Voraussetzung ist eine Schokolade, die nicht zu mild, nicht mit zuviel Vanille versetzt und nicht zu süß ist. Den Zuckeranteil kann man schließlich jederzeit erhöhen. Der Grund für die Technik, erst ein Drittel der Sahne unterzuheben und dann den Rest, ist die bessere Lockerheit des Schaums. Wenn man das erste Drittel sorgfältig einarbeitet, erhält man schon eine aufgelockerte Creme, die ihrerseits die restliche Sahne wesentlich leichter aufnimmt als die pure Schokoladencreme zu Beginn. Auf diese Weise bekommt man wirklich einen Schaum und nicht eine dichte Masse. Vor dem Servieren sollte man den Schaum ein wenig Raumtemperatur annehmen lassen. Er wird dadurch noch etwas lockerer.

Für 4 Personen

Schwarzes Millefeuille

mit Quatre-Epices-Schaum und glacierten Minifeigen

Feigen

150 g	getrocknete iranische Minifeigen
75 g	heller Rohrzucker
250 ml	roter Portwein
250 ml	Rotwein
20 g	Butter

Millefeuille

135 g	Mehl (Typ 550)
1 TL	Natursalz
15 g	Kakaopulver (stark entölt)
75 ml	lauwarmes Wasser
250 g	Butter
	Mehl

Quatre-Epices-Schaum

175 g	bittere Schokolade (60 % Kakaoanteil)
1	Ei
1	Eigelb
1 EL	dunkler Creme de Cacao
1 EL	brauner Rum oder Cognac
1½ TL	Quatre-Epices
250 g	nicht zu steif geschlagene Sahne

Anrichten

	Staubzucker
4	Minzespitzen
	etwas Quatre-Epices

Eine Woche vorher die Feigen in ein großes Einmachglas geben. Zucker, Portwein und Rotwein aufkochen, über die Feigen gießen und das Glas sofort verschließen. Vor dem Servieren 20 Feigen mit 6 EL Sirup und der Butter in eine kleine Pfanne geben. Bei kleiner Hitze köcheln lassen und ab und zu schwenken, bis die Feigen rundherum glänzen.

Mehl, Salz, Kakaopulver und Wasser zu einem glatten und geschmeidigen Teig verkneten, am einfachsten in der Küchenmaschine. Eventuell dürfen es auch ein paar Tropfen Wasser mehr sein. Den Teig zu einer Kugel formen, mit einem nebelfeuchten Tuch abdecken und etwa 1 Stunde ruhen lassen.

Die Butter in grobe Würfel schneiden und zusammen mit etwas Mehl schnell in der Küchenmaschine verarbeiten. Zu einem Block in Größe einer Butterpackung formen, in Frischhaltefolie einwickeln und ebenfalls etwa 1 Stunde kalt stellen. Den Grundteig so groß ausrollen, dass man das Buttermodel komplett damit einpacken kann. Dieses Paket auf Mehl etwa so groß wie ein DIN A4-Blatt ausrollen. Das überschüssige Mehl mit einem Pinsel abkehren. Das linke Drittel des Teiges einschlagen und das rechte Drittel darüber schlagen. So entstehen drei Teigschichten. In Folie 20 Minuten im Kühlschrank ruhen lassen. Herausnehmen, wieder auf Mehl legen und nochmals um ein Viertel größer ausrollen. Das Mehl abkehren, die rechte und linke Seite bis zur Mitte schlagen und wieder abkehren. Dann die rechte Hälfte exakt über die linke schlagen. Wieder in Folie einpacken und 30 Minuten kalt stellen. Den ersten und zweiten Vorgang mit jeweils ½ Stunde Pause wiederholen und kalt stellen. Den so mehrfach gefalteten Teig in 3 gleiche Teile schneiden. 2 davon in Klarsichtfolie einschlagen und einfrieren. 1 Teil davon etwa 2 mm stark ausrollen, auf ein Backblech mit Pergament legen und im Ofen bei 180 °C backen: 10 Minuten auf der einen Seite, und 4 Minuten auf der anderen. Herausnehmen und beiseite stellen.

Schokolade im Wasserbad schmelzen. Ei und Eigelb in einer Schüssel über Wasserdampf cremig schlagen. Das warme cremige Ei kalt schlagen. Die flüssige Schokolade und die Alkoholika zugeben und glatt rühren. Quatre-Epices einstreuen und unterrühren. Mit einem Gummischaber ⅓ der geschlagenen Sahne untermischen, den Rest vorsichtig unterheben. Nicht zuviel rühren, da die Mousse sonst gerinnen kann. Kalt stellen. Den Blätterteig in 12 etwa gleich große Stücke brechen. Auf 4 Stücke jeweils eine Kugel Mousse setzen. Darauf wiederum ein Stück Blätterteig, wieder Mousse und die letzten Teigstücke darauf verteilen. Um jedes Millefeuille 5 Feigen setzen und mit etwas von dem Sirup beträufeln. Mit Staubzucker ganz fein anpudern, Minze anlegen und Quatre-Epices auf den Tellerrand streuen.

Raz el Hanout

Der „Chef des Ladens“ bin eigentlich ich, zumindest in Rentamt und Gewürzamt. Aber ich denke, diesen Titel möchte mir auch gar niemand wegnehmen, ist er doch nicht nur mit Lorbeeren und Ruhm verbunden. Nein: der „Chef des Ladens“ ist die Übersetzung von Raz el Hanout aus dem Marokkanischen. Was eigentlich nichts anderes sagt, als dass jeder Gewürz- oder Lebensmittelhändler in Marokko seine eigene ganz spezielle Mischung mit diesem Aroma besitzt. Das sagt wenig, denn ein Raz el Hanout kann in einfacher Qualität aus sechs bis sieben Einzelgewürzen bestehen und genauso eindimensional und langweilig sein wie ein billiges Curry. Es kann aber auch aus dreißig bis vierzig Einzelzutaten bestehen und aufregend sein wie ein Kamelritt durch die Wüste, geheimnisvoll wie die Medina von Marrakesch und berauschend wie eine gut glühende Shisha. Unser Raz el Hanout hat 31 verschiedene Grundgewürze und Zutaten, deren Namen ich gerne preisgebe: Erdmandeln, Veilchenwurzeln, schwarzer Pfeffer, Rosenblüten, Kurkuma, Galanga, Kubebenpfeffer, Jasminblüten, Ebereschenbeeren, langer Pfeffer, Sternanis, Orangenblüten, Chilis, Koriandersamen, Macis, Paradieskörner, Mönchspfeffer, Fenchelsamen, Lavendelblüten, Piment, Cassia vera, Bockshornkleesamen, Nigella, Cumin, weißer Kardamom, Lorbeerblätter, Gewürznelken, Sternanis und? und? Nicht aber ihre Mengen. Fast also wie bei Coca Cola.

Raz el Hanout war mein erstes selbst gemischtes Gewürz. Gleich zu Beginn meiner Karriere als Gewürzmüller habe ich damit reichlich Erfahrungen gesammelt und so manchen Mülleimer gefüllt, weil mir die Qualität wieder und wieder nicht gefiel. Zu bitter, zu stark geröstet, zu scharf, zu langweilig, zu wenig blumig, zu, zu, zu. Nicht zu vergessen die Probleme bei der Beschaffung der Grundgewürze. Erdmandeln: nun ja, das war schon eine Herausforderung. Mönchspfeffer: noch nie gehört. Schwierig wurde es bei spanischer Fliege und Belladonna. Beides sollte die Originalmischung enthalten. Im Internet kam auf die Eingabe „Belladonna“ in der Suchmaschine der Link der Mainzer Giftzentrale, und bei „spanischer Fliege“ können Sie sich vielleicht vorstellen, welche Meldungen kamen. Mein Apotheker riet mir dringlichst davon ab, mich mit diesen beiden Produkten der Gefahr von Reklamationen auszusetzen, zumal sie eher einen, sagen wir: symbolischen Charakter haben, und hat mich vor Dummheiten mit unüberschaubaren Folgen bewahrt.

Jeder dieser Prototypen wurde damals von Hand auf einer alten tschechischen Mühle gemahlen. Mein damaliger Lehrling und dessen Schwielen an den Fingern können noch heute ein Lied davon singen. Doch eines Tages rieselte eine Mischung aus der Mühle, die mir ein Schmunzeln ins Gesicht zauberte. Denn ich war glücklich, solch ein wundervolles Aroma, ganz nach meinem Geschmack, gemischt zu haben. Frech wie ich eben bin, trat ich an Ralf Bos heran, und schickte ihm ein Muster dieser Mischung. Mein erster Gewürzkunde war gefunden.

Ich verwende Raz el Hanout sehr vielfältig. Natürlich in Couscous und Bulgur, für Lammzubereitungen oder kleine arabische Frikadellen. Ich habe sogar von einem Käseproduzenten gehört, der seinen Käse damit parfümiert. Oder, wie in unserem Rezept, auch für Desserts oder Gebäck. Dass man es auch in der Süßspeisenküche einsetzen kann, machen die Blüten in diesem Gewürz. Aber immer daran denken: das Gericht, das Sie damit zubereiten, dankt Ihnen den sparsamen Einsatz.

Kommentar von J. Dollase: Ein Dessert wie aus „Tausend und einer Nacht". Die Süßigkeiten spielen im vorderasiatischen und arabischen Raum eine viel größere Rolle als bei uns und werden dort vor allem auch von den Männern konsumiert. Meine Kostproben in den entsprechenden Läden haben mich allerdings wegen der manchmal unerträglichen Süße oft abgeschreckt. Hier also nun eine Haute-Cuisine-Version, bei der zum einen die Süße komplexer ausfällt, weil sie von verschiedenen Elementen stammt, und zum anderen ein Ausgleich durch herzhaftere Elemente wie Safran, Balsamessig oder das Raz-el-Hanout entsteht. Es wäre schön, wenn bei Desserts allgemein einmal der Aromenreichtum des Mittelmeerraums stärkere Beachtung finden würde, der für meine Begriffe unseren oft doch sehr einseitig sahnig-süßen Desserts deutlich überlegen ist. Vielleicht ließen sich mit der Komplexität der Aromen auch viele Gourmets zurückgewinnen, die ansonsten gerne einmal auf ihr Dessert verzichten (wozu übrigens auffällig viele Köche gehören).

Für 4 Personen

Süßes Taboulé

mit Raz-el-Hanout-Birne und Granatapfeljus

Taboulé

80 g	Couscous
30 g	getrocknete Erdbeeren
2	große geschälte Datteln
30 ml	Olivenöl
1 EL	Balsamessig
1 EL	Limonen- oder Zitronensaft
30 ml	Läuterzucker
2 Msp.	Safranfäden
	Natursalz
½ TL	fein gehackte rote Minze › (ersatzweise eine andere)
2 Msp.	Raz el Hanout
25 g	fein gehackte, geröstete Walnusskerne
1 TL	grob gehackte Pistazien

Birne

2	nicht zu große reife Birnen › (aber nicht weich und mürbe)
400 ml	trockener Weißwein
1	Vanillestange
1 TL	Raz el Hanout
70 g	heller Rohrzucker
30 g	Butter

Granatapfeljus

2	vollreife Granatäpfel
100 ml	trockener Rotwein
60 ml	Grenadinesirup
30 g	Butter
50 g	heller Rohrzucker

Anrichten

	Rosenblütenbätter
	Staubzucker
4	Minzespitzen

Den Couscous auf ein kleines Sieb geben und 2–3 Mal mit kaltem, allenfalls lauwarmem Wasser übergießen – bis er körnig und locker fällt.
In der Zwischenzeit die Erdbeeren und die Datteln in feine Würfel schneiden. Aus Olivenöl, Essig, Zitronensaft, Läuterzucker, Safran, Salz und Minze eine Vinaigrette rühren. Raz el Hanout zugeben und einige Minuten stehen lassen. Auf den gut abgetropften, lockeren Couscous die Nüsse und Pistazien geben, die Vinaigrette darüber gießen, gut vermischen und 20 Minuten quellen lassen.

Die Birnen schälen, halbieren und mit einem Ausstecher das Kerngehäuse entfernen. Den Weißwein mit aufgeschlitzter Vanilleschote und Raz el Hanout aufkochen. Die Birnenhälften in die leicht siedende Flüssigkeit legen, kurz aufkochen und 5 Minuten abgedeckt köcheln lassen. Im Fond abgedeckt auskühlen lassen. Die Vanillestange heraus nehmen. Den Fond in einer Pfanne mit Zucker und Butter zu einem nicht zu dicken Sirup einkochen. Die Birnen mit einem scharfen, dünnen Messer fächern und mit der runden Seite in den Sirup einlegen. Unter ständigem Begießen schmoren, bis der Sirup haften bleibt und sie seidig glänzen.

Die Granatapfelhaut so weit einschneiden, dass man mit den Daumen hineindrücken und die Frucht aufbrechen kann. Die Kerne zwischen den gelben Häuten heraussortieren und die Menge halbieren. Eine Hälfte der Kerne in einem Mixer zusammen mit Rotwein und Grenadinesirup bei niedriger Drehzahl mixen, bis sich das Fruchtfleisch löst. Diese Flüssigkeit auf ein feines Sieb gießen und auspressen. In einem kleinen Topf den Saft zusammen mit Butter und Zucker sämig kochen. Die restlichen Kerne zugeben und nochmals aufkochen.

Die Birnenhälften auf das Taboulé setzen und mit dem restlichen Sirup umgießen. Den Granatapfeljus angießen und mit Rosenblütenblättern, Minze und Staubzucker dekorieren.

Vadouvan

Vadouvan begegnete mir vor vielen Jahren zum ersten Mal in Paris. Ein wenig ansehnliches Gewürz aus Südost-Indien, das auf den ersten Blick, in der Hand liegend, den Eindruck vermittelt, als würde es leben. Das machen jedoch nur die dünnen Fasern von Lauch, Knoblauch und Zwiebeln, die sich im Lufthauch bewegen. Gefühlsmäßig sind mir Gewürze sehr nahe, die auf den ersten Blick nicht mit strahlenden Farben protzen. Der Spruch „Wahre Schönheit kommt von innen", der normalerweise auf Menschen bezogen wird und sich im Leben immer wieder bewahrheitet, gilt auch hier. Denn sicherlich ist es als letztes die Optik, die diese Mischung so begehrenswert macht. Die Aromen des fermentierten und oxidierten Vadouvans reichen von Sojasauce über Fleischextrakt und Knoblauch bis hin zu Liebstöckel. Damals in Paris kaufte ich dieses Gewürz auf die Empfehlung von Monsieur Izrael hin, dem Inhaber der Epicerie du Monde „L'Izrael" am Rande des Pariser Marais – für mich noch heute die Institution für Gewürze und Rum, für den ich ebenfalls ein Faible habe. Nun hatte ich das Gewürz zu Hause, öffnete die gut verschlossene, aber dennoch stark duftende Tüte und wurde fast betäubt: Aromen entstiegen ihr wie eine Droge, die auf der Stelle starken Appetit verursachen. Eigentlich das perfekte Gewürz.

Die Herstellung des unter anderem aus Knoblauch, Lauch, Curryblättern, schwarzen Bohnen, Senfsaat, Bockshornklee und Ricinöl bestehenden Gewürzes, ist sehr aufwändig. Man mischt alle Zutaten, formt sie zu Kugeln, die man in die Wärme legt, damit sie fermentieren. Das wiederholt man mehrere Male, bis die Gärung abgeschlossen ist. In der Sonne wird das Gewürz getrocknet, um es aufbewahren zu können. Es gibt von diesem Gewürz, das man auch Vadagam nennt, auch eine andere Version, die trocken in kleinen, harten Brocken angeboten wird. Die finde ich nicht nur unansehnlich, sondern auch unappetitlich. Das Einsatzgebiet dieses Gewürzes ist recht ansehnlich, weshalb es auch immer wieder Kreativität freisetzt. Man kann zum Beispiel wunderbar einen Reis Pilaw damit vollenden und Fisch und Muscheln damit garen. Eine Kartoffelsuppe bekommt einen aufregenden Geschmack, marinierte Hähnchenflügel mit etwas Sojasauce und Honig werden damit unbeschreiblich lecker, und Wokgerichte bekommen durch Vadouvan den letzten Schliff.

Vadouvan ist auch für mich immer noch sehr schwierig zu finden. Deswegen muss ich immer wieder einmal nach Paris, um dieses Gewürz zu kaufen, denn es schicken zu lassen ist wegen dreier Sprachbarrieren, deutsch, indisch und französisch, sehr umständlich. Also opfere ich mich und hole es in Paris persönlich ab.

Kommentar von J. Dollase:
Die Arbeit mit dem extrem speziellen und sehr kräftig-herben Aroma des Vadouvan erfordert viel Fingerspitzengefühl. Eine sehr gute Lösung für solche Fälle liegt immer im „Einfassen" des Aromas, damit es nicht zu deutlich in den Vordergrund tritt. In diesem Falle gleicht der leicht süßliche Basmatireis die Herbheit etwas aus, während Niora, Schwarzkümmel und Gelbwurz den Vadouvan ergänzen und komplexer machen. Die Amaranth-Körner sind vor allem für einen leicht krossen Textureffekt wichtig, der das Mundgefühl beim Essen interessanter macht. Während sich die anderen Aromen im Mund noch entwickeln müssen, sorgen krosse Elemente schon einmal für etwas „Unterhaltung". Das Joghurt, das sich hier beim Verteilen im Reis ja etwas erwärmt, könnte man auch getrennt (und leicht kühl!) in einem kleinen Schälchen servieren. Die Kombination von kaltem Joghurt mit kräftigen Gewürzen sorgt immer für einen milderen, eleganteren Geschmacksverlauf.

Für 4 Personen

Basmatireistopf

mit Vadouvan und Scampi mit Amaranth und Chili gebraten

Basmatireistopf

2 EL	Olivenöl
1 EL	fein gehackte Schalotte
1	fein gehackte Knoblauchzehe
2 EL	Vadouvan
200 g	vollreife Tomaten
250 g	Basmatireis
625 ml	Geflügelbrühe
1 TL	Kurkuma
	Natursalz
1 TL	Niora
½ TL	Schwarzkümmel

In einem Gusstopf mit passendem Deckel das Olivenöl erhitzen, gehackte Schalotten und Knoblauch zugeben und glasig dünsten. Vadouvan hinzufügen und mit anschwitzen. Die gewaschenen Tomaten vom Strunk befreien und in grobe Würfel schneiden. In den Topf geben und weich dünsten. Den Reis zugeben und etwa 5 Minuten mitbraten. Mit Brühe aufgießen, Kurkuma zugeben, umrühren und mit Salz abschmecken. Zum Kochen bringen, Niora und Schwarzkümmel einstreuen und nicht mehr umrühren. Den Deckel aufsetzen und bei 200 °C für exakt 15 Minuten in den Ofen schieben. Herausnehmen und mindestens 1 Minute bei geschlossenem Deckel stehen lassen.

Scampi

4	Scampi (mindestens 300 g)
50 g	Amaranth
	Natursalz
1 EL	Olivenöl
60 g	Butter
3	trockene, fein geschnittene Thai-Chilis

Die Scampi ausbrechen: mit Daumen und Zeigefinger die Schale vom Schwanz bis zur Schwanzflosse entfernen. Mit einem kleinen scharfen Messer die Haut am Rücken dünn aufschneiden und den schwarzen Darm sorgfältig entfernen. Eine Pfanne so stark erhitzen, dass sie kurz vorm Rauchen ist. Den Amaranth auf einmal einstreuen. Wie beim Popcorn dehnen sich die Körnchen in der Hitze aus und platzen. Die Amaranthsaat durch stetes Schütteln der Pfanne bewegen. Die Körnchen dürfen nicht zu stark rösten, weil sie sonst bitter werden. Auf einen Teller schütten, damit sie nicht weiter rösten.
Die Scampi salzen und nur die Schwänze von beiden Seiten in der Amaranthsaat wenden. In einer Pfanne das Olivenöl nicht zu sehr erhitzen. Die Scampi einlegen und anbraten, ohne dass sie Farbe annehmen: 1 Minute auf einer Seite braten und wenden. Die Butter und die fein geschnittenen Chilis zugeben und mit dieser aufschäumenden Chilibutter 2–3 Mal übergießen.

Anrichten

2 EL	Joghurt (10 % Fett)

Den Topf mit dem Basmatireis öffnen, die Scampi darauf setzen und mit der Bratbutter übergießen. 2 große Löffel Joghurt darüber geben und so servieren. Am Tisch die Scampi auf einen Teller legen. Den Joghurt mit einem Löffel locker unter den Reis mischen. Den Reis auf heiße Teller verteilen und je einen Scampo obenauf platzieren.

Rezeptregister

Fleisch und Geflügel

Fisch und Meeresfrüchte

Gemüse und Suppe

Dessert und Käse

Danke

Danke wollte ich eigentlich vielen sagen, und tue dies, auch wenn ich hier nicht jeden einzeln aufliste, der in meinem Leben wichtig war. Danke meinen wenigen sehr guten Freunden, die mir die Motivation für diese Arbeit gaben (jeder von ihnen weiß, wer gemeint ist).

Im Einzelnen aber danke ich meinen Eltern, die mir stets ermöglicht haben, mich frei zu entwickeln, und mich in all meinen Entscheidungen unterstützten; meinem amerikanischen Freund Alan, der mir den Rücken frei gehalten hat, damit ich all dies schreiben konnte; meiner lieben Freundin Erna, die es versteht, mich nicht nur zu loben, sondern mich auch im richtigen Moment konstruktiver Kritik auszusetzen; vor allem meinem Sohn Kilian, der immer (oder meist) alle meine Launen akzeptiert und hingenommen hat – ich weiß, mit mir ist es nicht einfach; und bei meinen lieben Mitarbeitern, die kamen und gingen, aber alle wichtig für meine Entwicklung waren. Danke, Euer Ingo

Genehmigte Lizenzausgabe für Verlagsgruppe Weltbild GmbH,
Steinerne Furt, 86167 Augsburg
Copyright der Originalausgabe © 2006 Tre Torri Verlag, Wiesbaden
Herausgeber: Ralf Frenzel
Idee, Konzeption und Umsetzung: CPA! Communications- und Projektagentur GmbH, Wiesbaden
Die CPA! ist Mitglied der Deutschen Akademie für Kulinaristik, und fördert Slow Food Deutschland e.V.
Text: Carola Hauck, Rüsselsheim
Kommentare: Jürgen Dollase, Mönchengladbach
Fotografie: Elisavet Patrikiou, Stuttgart
Gestaltung: G. Bittner, Wiesbaden
Umschlaggestaltung: F2 Design – Agentur für Kommunikationsdesign, Augsburg
Gesamtherstellung: Firmengruppe APPL, aprinta druck, Wemding
Printed in the EU
ISBN 978-3-8289-1351-6

2011 2010 2009
Die letzte Jahreszahl gibt die aktuelle Lizenzausgabe an.

Einkaufen im Internet:
www.weltbild.de

Haftungsausschluss:
Die Inhalte dieses Buches wurden von Herausgeber und Verlag sorgfältig erwogen und geprüft. Dennoch kann eine Garantie nicht übernommen werden. Die Haftung des Herausgebers bzw. des Verlages für Personen-, Sach-, und Vermögensschäden ist ausgeschlossen.